Theodor Hampe

Die fahrenden Leute in der deutschen Vergangenheit

Theodor Hampe

Die fahrenden Leute in der deutschen Vergangenheit

ISBN/EAN: 9783955642884

Auflage: 1

Erscheinungsjahr: 2013

Erscheinungsort: Bremen, Deutschland

@ EHV-History in Access Verlag GmbH, Fahrenheitstr. 1, 28359 Bremen. Alle Rechte beim Verlag und bei den jeweiligen Lizenzgebern.

Monographien zur deutschen Kulturgeschichte
herausgegeben von Georg Steinhausen

Theodor Hampe, Die fahrenden Leute
in der deutschen Vergangenheit

Mit 122 Abbildungen und Beilagen
nach Originalen, größtenteils aus dem
fünfzehnten bis achtzehnten Jahrhundert
Verlegt bei Eugen Diederichs in Leipzig 1902

Abb. 1. Troß. Holzschnitt in der Art des Jacob Kallenberg aus: Stumpf, Schweizerchronik. Zürich, Froschauer, 1548.

ei Schriftstellern vergangener Jahrhunderte, die über die fahrenden Leute und ihre mannigfachen Künste geschrieben haben, begegnet man nicht selten einer Entschuldigung wegen des von ihnen gewählten Themas. „Eine Nachricht von Gaukeleien," sagt Antonio Paullini in seinem „Curieusen Cabinet ausländischer und anderer Merkwürdigkeiten" (1717), „wird bei dem ersten Anblick manchem ernsthaften Leser ärgerlich erscheinen; und ich selbst gestehe, daß mir eine solche Rubrique, wenn ich sie ohngefähr anderwärts gelesen hätte, keine allzu gute Opinion von dem Nutzen der Piece würde beigebracht haben." Andere wiederum glaubten ihren Lesern vor allem eine ausführliche Erklärung der Ausdrücke „fahrende Leute", „fahrendes Volk" u. s. w. schuldig zu sein, gelegentlich einer Betrachtung über die „fahrenden Schüler" wohl gar an Dr. Fausts Mantelfahrten durch die Luft erinnern zu sollen oder andererseits der Ansicht, daß eben hiervon jene Benennung abzuleiten sei, ausdrücklich widersprechen zu müssen.

Jene Entschuldigung wie solche Erörterungen scheinen heutzutage kaum nötig. Allerdings ist die Bezeichnung „fahrendes Volk" u. s. w. unserem Sprachgebrauch, d. h. der lebendigen Sprache, längst entschwunden; und wenn wir dennoch damit einen deutlicheren Begriff verbinden als etwa das 18. Jahrhundert, so ist dies in erster Linie der romantischen Richtung, die den Anfang des jetzt zu Ende gegangenen Jahrhunderts beherrschte, und den sich an sie anschließenden Strömungen in Wissenschaft und Litteratur zu verdanken. Namentlich die moderne Spielmannslyrik, die, mögen auch zahlreiche gemachte Blumen darunter sein, doch in den vielgesungenen Liedern der besten unter unseren neueren Dichtern manche echte, frische Blüte vom Lebensbaum der Poesie in unser Volk getragen hat, darf hier nicht unerwähnt bleiben. Sie hat das „fahrende Volk" mit einem verklärenden Schimmer umkleidet, der dem „Landstreicher" nicht in gleicher Weise zu teil geworden ist. Und doch bezeichnen beide Begriffe im Grunde dasselbe, nämlich die ohne festen Wohnsitz im Lande umherstreifenden, von Ort zu Ort wandernden Leute, und die frühere Zeit wendet den Ausdruck „Landstreicher" oder „Landfahrer" in gleicher Weise für die wandernden Ärzte oder Quacksalber, Händler, Musikanten, Gaukler u. s. w. an. Heute würden sich die Schaubudenbesitzer unserer Jahrmärkte wohl dagegen verwahren, wenn man sie „Landstreicher" titulieren wollte: zum „fahrenden Volk" gerechnet zu werden, lassen sie sich eher gefallen.

Die Gegenüberstellung zeigt, daß der Begriff

Einleitung — I. Frühzeit   7

„fahrende Leute", „fahrendes Volk", wie wir ihn heute auffassen, gegen früher eine Einschränkung erfahren hat. In der Hauptsache begreift man darunter diejenigen Fahrenden, die sich die Erheiterung und Unterhaltung ihrer Mitmenschen zum Beruf und zu ihrem Geschäft gemacht haben. Eben um dieser fröhlichen und erfreuenden Thätigkeit willen hat sich ja die Poesie, zugleich angezogen durch den geheimen Reiz, den das ungebundene Wanderleben auf ein seßhaftes Geschlecht stets ausüben wird, in unserer Zeit der bis dahin sehr mißachteten Klasse angenommen und jene Einschränkung bewirkt. Was das Mittelalter unter dem gegenüber unserem Sprachgebrauch sehr erweiterten Begriff „Spielleute" (lateinisch „joculatores", französisch „jongleurs") verstand, was die folgenden Zeiten auch wohl durch die ebenfalls ganz allgemein aufzufassenden Bezeichnungen Abenteurer, Gaukler, Himmelreicher u. s. w. ausgedrückt haben, das nennen wir heute „fahrende Leute", „fahrendes Volk".

Neben dieser gewissermaßen einen geschlossenen inneren Kreis und den eigentlichen Kern der Sache bildenden Gruppe unstet wandernder Menschen, die demgemäß auch im Mittelpunkt unserer Betrachtung stehen wird, darf dennoch der weitere Kreis jener Erscheinungen, die mit der Hauptgruppe durch die gemeinsame Heimatlosigkeit zu einer Einheit verbunden werden, keineswegs ganz unberücksichtigt bleiben. Faßte doch, wie angedeutet, das ältere Sprachgefühl nicht minder die Bettler, die vagabondierenden Landsknechte und ihren Troß, die „Landzwinger" oder Straßenräuber und dergleichen Gesindel, dem sich noch die fahrenden Schüler des 16. und 17. Jahrhunderts zugesellen, mit unter den Begriff der „fahrenden Leute" zusammen. Wir indessen werden über alle diese Erscheinungen zumeist schon deswegen etwas flüchtiger hinweggehen können, weil sie ja zum größten Teil in anderen Monographien dieser Sammlung ausführlichere Behandlung finden werden oder schon gefunden haben. Ebenso wird uns das Wandervolk der Zigeuner, für dessen eingehende Berücksichtigung der uns für diese Arbeit zugemessene Raum bei weitem zu eng sein würde, nur vorübergehend von unserem eigentlichen Thema abziehen.

Der Hauptzweck der vorliegenden Monographie bleibt vielmehr, um es nochmals hervorzuheben, soweit irgend möglich an der Hand erhaltener gleichzeitiger Abbildungen einen Überblick über die Entstehungs- und Entwicklungsgeschichte des Wesens der alten Spielleute — dieses Wort im weitesten Sinne genommen — sowie ihrer Nachfolger in den nachmittelalterlichen Jahrhunderten, eine Darstellung ihres Lebens und Treibens in deutschen Landen zu geben.

Um unsere Kenntnis der germanischen Urzeit ist es trotz Cäsar, Plinius und Tacitus leider nur sehr mangelhaft bestellt. Was uns die römischen Geschichtsschreiber bieten, was uns die Denkmäler in Stein und Erz, die prähistorischen Funde künden, sind doch im Grunde nur armselige Bruchstücke des reichen, lebensvollen Bildes, das wir von unseren Vorfahren und ihrem Thun und Treiben so gerne besäßen. Wir mögen die Bruchstücke noch so sorgfältig sammeln, mögen sie schieben und von allen Seiten beleuchten, so viel wir wollen, es bleibt Stückwerk und nicht nur in jenem weiteren Sinne, in dem alles menschliche Schaffen Stückwerk ist. Die Forschung noch erschwerend kommt hinzu, daß wir für die Jahrhunderte, die zwischen der Abfassung von Tacitus' Germania und den Stürmen der Völkerwanderung liegen, auch nicht eine ergiebigere Schriftquelle über die Zustände in Deutschland haben. Nur der Kämpfe mit den die Grenzen des römischen Reiches bedrängenden Germanenstämmen wird von den Autoren dieser Zeit gedacht, und gelegentlich ist von kriegsgefangenen oder als Söldner in den Dienst der Römer getretenen Barbaren die Rede.

Wenn so selbst die wichtigsten Thatsachen der ältesten deutschen Kultur- und Sittengeschichte in ein tiefes, nur schwer zu erhellendes Dunkel gehüllt bleiben, dürfen wir nicht erwarten, hinsichtlich unseres Stoffes für jene frühe Zeit besser daran zu sein. Eins indessen, woraus sich wenigstens Schlüsse für unser Thema ziehen lassen, wird schon von Tacitus mehrfach hervorgehoben, das ist die auch späterhin noch so häufig gerühmte Sangesfreudigkeit der Germanen, die den Südländern um so mehr auffallen mußte, als ihnen

Abb. 2. Angelsächsische Musiker. König David mit Harfe, umgeben von Posaunen- und Hornbläsern. Aus einer Handschrift des 8. Jahrh. im Britischen Museum zu London. Aus: R. Wülker, Geschichte der englischen Literatur.

aber die ihrigen zu ewigem Gedächtnis aufzeichneten.

Daß aber auch das Gesungene nicht so bald dem Gedächtnisse entschwände, dafür sorgten die alten Volkssänger, über deren Beruf und Thätigkeit uns zwar für jene frühe Epoche bei der erwähnten Unzulänglichkeit der Quellen nichts Sicheres bezeugt ist, von denen wir jedoch wohl annehmen dürfen, daß sie damals nicht wesentlich anders als im siebenten, achten und neunten Jahrhundert, aus denen uns zuerst vereinzelte Nachrichten hierüber vorliegen, ihres Amtes gewaltet, der Pflege von Dichtkunst und Musik obgelegen haben. Allerdings stand, soviel dürfen wir den Dichtern der Romantik auch jetzt noch einräumen, die große Masse des Volkes in jener Frühzeit — um so kurz die ganze Epoche vom ersten Auftreten der Germanen bis auf Karl den Großen, mit dem unser Vaterland

das von ungeheueren, der Sonne nur wenig Zutritt verstattenden Wäldern bedeckte Land, das „triste coelum" Germaniens, eher Grauen einflößte als zum Singen anzuregen schien. Aber die alten Germanen sangen. Sie feierten in Liedern die sagenhaften Ahnherren und die Helden ihres Volkes, zumal den Arminius, nachmals den Langobardenkönig Alboin u. a., singend zogen sie in den Kampf und „mit Gesang oder Geschrei" verbrachten sie an den Herdfeuern die Nacht, wenn die ihnen gegenüber gelagerten feindlichen Römer ihrem hitzigeren Naturell entsprechend sich in zornigen Drohungen ergingen. Vielleicht um diese Zeit schon ward von ihren Gegnern jene sprichwörtliche Redensart gemünzt, die uns als solche freilich erst viele Jahrhunderte später begegnet, daß nämlich die Deutschen ihre Heldenthaten nur besängen, die Lateinischen

erst in das volle Licht der Geschichte tritt, zu bezeichnen — in einem ungleich näheren, innerlicheren Verhältnis zu diesen beiden Künsten, zumal zur Poesie, als etwa heutzutage. Wo ihnen ihre noch unentwickelte Sprache keinen passenden Ausdruck bot: zur Bezeichnung übersinnlicher Vorstellungen, insbesondere für den Verkehr mit der Gottheit, für abstrakte Begriffe aller Art, wie sie das Rechtswesen auch auf einer niedrigen Stufe notwendig erfordert, u. s. f., da trat gewissermaßen spontan als eine Ergänzung des Verstandes und logischen Denkens die Poesie als Ausdruck des Gefühls vermittelnd ein, die Poesie in der Form des Stabreims. Es ist die Welt der Symbole und der alten Bräuche, der Zauber- und Beschwörungsformeln, der Eides- und sonstigen Gerichtsformeln, in die wir hier einen Blick werfen und aus der, auch abgesehen von unseren alliterierenden Redensarten, sich noch gar manches seit jenen Urzeiten im Volke erhalten hat und voraussichtlich weiterhin von einem aufgeklärten und verstandesscharfen Jahrhundert in ein noch aufgeklärteres hinüberretten wird.

In den frühesten Zeiten unserer Geschichte also läßt sich das Volk von seinen Dichtern und seinen Sängern nur schwer scheiden. Dennoch wird die höhere Begabung und der damit verbundene innere Drang nach Bethätigung des Talentes bei der hohen Bedeutung, die der Dichtkunst zugemessen wurde, hier und da wie von selbst dazu geführt haben, die Kunst zum Lebensberuf zu erwählen. Ganz besonders mag dies der Fall gewesen sein, wenn etwa ein körperliches Gebrechen (Blindheit u. s. w.) hinzukam, das zum Dienst der Waffen untauglich machte. Dann konnte wohl im treuen Dienste der Kunst gleich hohe Ehre, gleich strahlender Ruhm erworben werden, wie er sonst nur den stolzen Kampfeshelden beschieden war. Denn mit der Freude am Gesang und der Bedeutung der Dichtkunst gingen Ehrung und Ansehen der alten Sänger Hand in Hand. Selbst in den ältesten germanischen Volksrechten kommt dies gelegentlich zum Ausdruck. So belegt beispielsweise die „Lex Angliorum et Werinorum hoc est Thuringorum", die sich im wesentlichen als eine Mischung alter friesischer und fränkischer Rechtselemente darstellt, die Verletzung der Hand eines Harfenspielers mit einer viermal höheren Geldstrafe als auf das gleiche Vergehen an einem anderen Freien gesetzt ist. Von Südholland, wohin neuerdings die Entstehung dieser Gesetzesredaktion verlegt wird, hat sie bei verschiedenen Stämmen Niederdeutschlands wie auch nach England Verbreitung gefunden. Von gelegentlichen Erwähnungen, die uns gleichfalls die geachtete Stellung der alten Spielleute bezeugen, sei hier namentlich auf die hübsche Nachricht in der Lebensbeschreibung des heiligen Liudger von Altfried hingewiesen. Als Liudger († 809), so heißt es hier, nach Friesland gekommen war, um dort das Evangelium zu predigen, brachten sie einen Blinden zu ihm mit Namen Bernlef, von seinen Nachbarn, d. h. wohl etwa von seinen Stammesgenossen oder — mit leisem Anachronismus — von seinen Mitbürgern sehr geliebt wurde, weil er von milder Güte (affabilis, eigentlich: leutselig) war und die Thaten der Alten und die Kämpfe der Könige schön zum Saitenspiel vorzutragen wußte.

Schon im 7. Jahrhundert, dessen zweiter Hälfte die auf uns gekommene Redaktion des seinem Kern nach älteren Beowulfsliedes angehört, diente des Sängers Kunst, die Mahlzeiten und Feste der Vornehmen zu verschönen. Und vorher ist uns das auch schon für die Gothen und Franken bezeugt. Daher wird in der poetischen Sprache der Angelsachsen der Gesang wohl die „Lust der Halle" (healgamen), die Harfe das „Lustholz" (gamenvudu) oder der „Freudenbaum" (gleóbeám), der Spielmann selbst der „Freudenmann" (gleóman) genannt. In König Hrodgars prächtiger Methhalle „Heorot" war alle Tage, so heißt es im Beowulfsliede, Harfenklang,

„Des Sängers lautes Singen.   Es sagte der Kundige
Der Menschen Ursprung   in alten Zeiten,
Wie der Allmächtige   die Erde schuf,
Die lichten Fluren   von der Flut umschlossen,
Dann siegesfroh setzte   Sonne und Mond
Als leuchtendes Licht   den Landbewohnern".

Aber nicht nur von der Weltschöpfung, auch vom Weltuntergange, dem Weltbrande, der Götterdämmerung der alten Heidenzeit, mag bei solchen Gelegenheiten „gesagt und gesungen" worden sein. In dem uns in einer Handschrift des 9. Jahrhunderts überlieferten alliterierenden althochdeutschen Gedicht über diesen Gegenstand (Muspilli) walten allerdings in der Hauptsache und weit mehr als im Beowulfsliede bereits christliche Vorstellungen ob. Am häufigsten und beliebtesten aber waren wohl die Schilderungen von den gewaltigen Kämpfen und herrlichen Siegen der alten Volkshelden, den von ihnen bestandenen Gefahren und Abenteuern, wie sich das Bruchstück einer solchen Schilderung in unserem

Abb. 3. Ein Sänger im 10. Jahrhundert. Aus der angelsächsischen sogenannten Kädmon-Handschrift in der Bodleian Library zu Oxford.

noch ganz den Geist des germanischen Heroenzeitalters atmenden Hildebrandsliede erhalten hat. Da floß denn — die späteren Volksepen enthalten offenbar viele Reminiscenzen daran — das Blut in Strömen, hallte es wieder von Kampfgeschrei und vom Klange der Schwerter, die das lichte Feuer aus Helmen und Schilden hauen, ging der Held über Haufen von Leichen seiner Gegner den Weg zur Unsterblichkeit. Und die Hörer auf den Methbänken hingen flammenden Auges, die Hand am Schwert, an den Lippen des Sängers oder Erzählers, der seinen Platz zu den Füßen des königlichen Hochsitzes hatte, und oft unterbrach wohl ein lauter Zuruf oder gewaltig ausbrechender Jubel den kunstvollen Vortrag. Goldene Armringe, wie sie sonst der Herrscher nur an seine im Kampf erprobten Helden zu verteilen pflegte, lohnten dem also bewunderten und gefeierten Spielmann.

Zwar ist ja das Beowulfslied, dem hier manche Züge entlehnt wurden und das des Sängers und seiner Thätigkeit noch verschiedentlich Erwähnung thut, nicht auf deutschem Boden entstanden, sondern, an alte Sagen anknüpfend, vermutlich in Dänemark oder Schonen konzipiert, in England niedergeschrieben. Germanische Anschauung und Auffassung aber spiegelt sich in ihm wie kaum in einem anderen der uns erhaltenen alten epischen Gedichte wieder, weswegen es an dieser Stelle wohl in unsere Betrachtung hineingezogen werden durfte.

Die Bedeutung der alten Sänger oder Spielleute wurde durch das häufige Wandern derselben von Ort zu Ort, von einem Fürstenhof zum andern, das wir ohne Zweifel auch für die früheste Zeit bereits voraussetzen müssen, wie es denn schon aus dem natürlichen Drange der Zuhörer nach neuen Weisen und Liedern und Stoffen notwendig folgte, nur noch gehoben. Sie waren die vornehmlichsten Verbreiter wichtiger Neuigkeiten, die Übermittler von Botschaften aller Art, die gelegentlich auch zu geheimen Missionen verwandt wurden. Ihre Thätigkeit in diesem Sinne kann man also gewissermaßen als die frühesten Anfänge des Zeitungs- und Postwesens betrachten und, wie wir sehen werden, ist man bis in das spätere Mittelalter hinein nicht wesentlich über solche Anfänge hinausgelangt. Die wandernden Spielleute haben das Nebenamt des Boten noch lange bekleidet und wurden in alter Zeit schon aus diesem Grunde, wo sie erschienen, mit Freude begrüßt.

Als das Instrument, das den wandernden Sänger auf seinen Fahrten begleitete, haben wir schon in der aus dem Beowulfsliede zitierten Stelle die Harfe kennen gelernt. Natürlich hat man sich darunter nicht ein Tonwerkzeug von der Größe und Schwere unserer heutigen Harfe zu denken. Noch im 15. Jahrhundert hatte die Harfe oder der Flügel, wie man sie im späteren Mittelalter nach ihrer Form zuweilen nannte,

Abb. 4. König David von Musikern umgeben. Aus dem Psalterium des hl. Leopold in der Bibliothek des Stiftes Klosterneuburg. 12. Jahrhundert.

Abb. 5. Harfenspieler aus der Welislaw'schen Bilderbibel in der Fürstl. Lobkowitz'schen Bibliothek zu Prag. 14. Jahrhundert.

nur etwa Armeslänge, waren die Saiten in einem schmalen Holzrahmen von der Form eines ungleichseitigen Dreiecks eingespannt, das ganze Saitenspiel nicht allzu schwer und leidlich bequem zu tragen. Kaum erheblich anders mögen die Harfen des Beowulfsliedes beschaffen gewesen sein. Offenbar war die Harfe, die sich in den ersten Jahrhunderten des Mittelalters noch mehrfach erwähnt findet, das gebräuchlichste Musikinstrument der alten Sänger, und mit dem psalterium, das uns namentlich bei den lateinisch schreibenden Schriftstellern häufig begegnet, ist in dieser frühen Zeit vermutlich gleichfalls nichts anderes als eine Harfe gemeint. Etwas später indessen wurde das alte Psalterium sowohl was die Zahl der Saiten als auch was die Form betrifft, abgeändert, indem jene vermehrt und, wie Notker Labeo († 1022) voll Bedauern ausführt, „jene alte mystische, an die Trinität erinnernde Form des Dreiecks" verlassen wurde. Diese Umwandlung bewirkten nach Notker die Musikanten und Lustigmacher, da ihnen das Instrument für ihre Zwecke so passender und bequemer war. Sie benannten auch das also umgeformte Psalterium mit dem neuen „barbarischen Namen" Rotta, Rotte.

Von dem Psalterium ist auch bereits bei Ermenrich einmal die Rede, jenem Ellwanger Mönch, der, ein Schüler des Rhabanus Maurus, in der ersten Hälfte des 9. Jahrhunderts schrieb; und die Betrachtung des Zusammenhanges, in dem das Wort hier erscheint, in Verbindung mit der soeben angezogenen Stelle aus Notker wird uns in unserer Darstellung des Entwicklungsganges der fahrenden Leute um einen Schritt weiter führen. „Ergreife du (zum Preise Gottes) die Harfe" (psalterium), schreibt nämlich Ermenrich in seinem Sendbrief an den Abt Grimold von St. Gallen, „doch natürlich nicht die eines Mimen, der vor der Thüre steht, noch auch die eines tanzenden Slaven." Wir befinden uns also hier offenbar eben in jener Zeit, in der sich das Psalterium in den Händen gewisser Spielleute in die nachmalige „Rotte" verwandelte, und lernen dabei zugleich ganz neue Elemente des fahrenden Volkes im frühen Mittelalter kennen, von denen indessen der schreibende Mönch ähnlich wie später Notker mit unverhohlener Mißachtung spricht und deren Thun und Treiben er ein edles Saitenspiel auf der altgewohnten, schon durch ihre Form gewissermaßen geheiligten Harfe preisend gegenüberstellt.

Um dies richtig zu verstehen, müssen wir die inzwischen merkwürdig veränderten Zeitverhältnisse und die eigentümliche Konkurrenz, die den alten Volkssängern allmählich erwachsen war, etwas näher ins Auge fassen.

Schon seit den ersten näheren Berührungen der Römer mit den Germanen waren gelegentlich nicht nur römische Händler, sondern auch römische Gaukler und Possenreißer aller Art über den Rhein und von jenseits der Alpen gekommen, um sich in deutschen Landen ein dankbareres Publikum, als es die blasierten Bewohner der alternden Hauptstadt der Welt und der übrigen größeren Städte des römischen Imperiums waren, zu suchen. In erster Linie waren es wohl freigelassene oder auch entlaufene Gladiatoren, darunter gewiß vorzugsweise ehemalige germanische Kriegsgefangene und Sklaven der Römer, die, seit lange von ihrem Stamme losgesprengt und nun im Vaterlande heimatlos, bei ihren Landsleuten durch die in der Fremde erlernten Fechtkünste ihr Glück zu machen hofften.

Die Vorliebe der Germanen für Waffenspiele wird uns ja bereits von Tacitus bezeugt an jener Stelle seiner Germania, die von dem Schwertertanz der germanischen Jünglinge handelt und die uns hier als neuer Ausgangspunkt dienen kann. „Es giebt bei den Germanen", sagt Tacitus (Kap. 24), „nur eine Art von Schauspielen, die man gleichmäßig bei allen Versammlungen antreffen kann. Nackte Jünglinge treiben dieses Spiel, indem sie sich im Sprunge unter die Schwerter und entgegengehaltenen Lanzen stürzen." „Aber", fügt der römische Geschichtschreiber hinzu, „sie thun dies nicht um Lohn oder Gewinn, der Preis für das verwegene Spiel ist vielmehr lediglich das Vergnügen der Zuschauer." Damit freilich begnügten sich die gewerbsmäßigen Fechter nicht. Sie beuteten die eigene Geschicklichkeit und die Freude ihres germanischen Publikums an solchen Vorführungen nur zu Erwerbszwecken aus, und wenn sie sich gegenseitig blutig schlugen und sich sogar der Gefahr aussetzten, Gesundheit und Leben dabei einzubüßen, so wollten sie vor allem dafür bezahlt sein. Ganz ebenso dachten die Scharen der übrigen römischen Gaukler, die in der Folgezeit immer zahlreicher nach Deutschland kamen oder sich an die Sohlen der wandernden Germanenstämme hefteten. Umsonst, ohne reichliches Entgelt wollten auch sie ihr sonniges Italien nicht mit dem trüben nordischen Himmel vertauscht haben oder diesen rohen, kunst- und verständnislosen Barbarenhorden nachziehen und sich noch dazu den Anschein geben, als schmeichle ihnen der Beifall, den sie ihren Künsten zollten. Geld und Gut wollten sie dafür zum Lohn.

Die aus dieser frühesten Epoche auf uns gekommenen Nachrichten sind leider zu spärlich, jede für sich zu unergiebig und meistens zu allgemein gehalten, als daß wir mit Bestimmtheit sagen könnten, welche Kunstfertigkeiten und Possenspiele die römischen Gaukler in Deutschland vorzugsweise geübt, was für Produktionen und Schaustellungen sie den bei den Germanen bisher einzig und allein gepflegten Waffenspielen zugesellt haben. Mit einigem Vorbehalt dürfen wir hier indessen wohl die Schilderungen auch derjenigen römischen Schriftsteller zu Hilfe nehmen, die ihr Augenmerk vor allem auf die Zustände innerhalb der Grenzen des römischen Reiches, insbesondere Italiens, gerichtet haben. Freilich werden nicht alle Formen und Erscheinungen fahrender Leute, von denen sie uns berichten, nachmals auch, die Grenzen überflutend, in Deutschland anzutreffen gewesen sein, aber buntscheckig genug wird sich die Schar der Gaukler, die von Rom ihren Ausgang genommen, auch hier dargestellt haben. Den Ursprung dieser Gesellschaft hat man jedoch nicht eigentlich in Rom, sondern in Griechenland und im Orient zu suchen. Erst seit den asiatischen Feldzügen, also etwa seit dem 2. Jahrhundert v. Chr., war die Klasse der fahrenden Leute auch in Italien aufgekommen und seitdem in beständigem Wachstum begriffen.

Da waren außer den verschiedensten Arten von Fechtern reisende Schauspieler, die bald mit den eigenen Leibern Pantomimen und Possen oft der unzüchtigsten Art zur Aufführung brachten, bald als Puppenspieler auftraten. Andere, ohne die Mittel zu einem Aufwand an Kleidern und sonstiger Ausstattung, wie sie dergleichen Spiele erforderten, trugen sprechend oder singend ihre Schwänke und derben Späße vor, während wieder andere die Flöte bliesen, das Tamburin schlugen, die Kithara spielten oder mit abgerichteten Tieren: Hunden, Affen, Schlangen u. s. w. im Lande umherzogen. Dazu stellten einige der

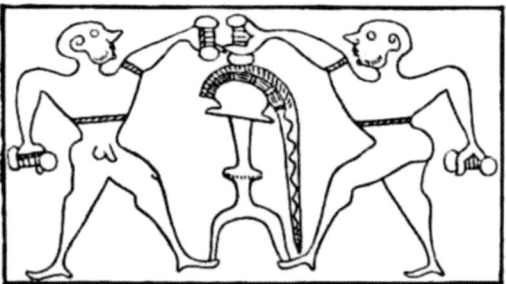

Abb. 6. Zwei etruskische Faustkämpfer, die um einen Helm als Siegespreis kämpfen. Aus dem Relief eines bei Watsch in Krain gefundenen Bronzeeimers.

in den erſten nachchriſtlichen Jahrhunderten auch in Italien überall in Aufnahme kommenden aſiatiſchen Götterkulte ein nicht unbeträchtliches Kontingent zur Schar der fahrenden Leute. So ſchildern uns Lucian und Apuleius die Bettelprieſter der unter verſchiedenen Namen verehrten großen Göttin oder großen Mutter, die mit einem kleinen Bilde der Göttin von Ort zu Ort ziehen, ihr zu Ehren weibiſch gekleidet und aufgeputzt zu Tamburin und Flöte ſingen und tanzen, ſich blutig peitſchen und verſtümmeln, um ſchließlich ihr Publikum in der unverſchämteſten Weiſe anzubetteln. Aus ſolchem Stamme mögen die mannigfachen Arten der Zauberer und Wahrſager, der Traum- und Sterndeuter, vielleicht auch der fahrenden Ärzte, der Quackſalber, entſproſſen ſein. Beſondere Erwähnung verdienen ferner die fahrenden Weiber, die als Mitglied einer größeren Geſellſchaft oder auf eigene Fauſt, ſei es als Sängerinnen, Schauſpielerinnen, Tänzerinnen, Flötenſpielerinnen und Paukenſchlägerinnen oder lediglich von der Unzucht lebend, zumeiſt in buntem, die Sinne anreizendem Aufzuge das Land durchſtreiften. Ein möglichſt hoher Gewinn war auch ihr einziges Streben, wie denn überhaupt der Begriff der Ehre des freien Mannes im germaniſchen Sinne dieſen römiſchen Elementen des fahrenden Volkes ebenſo wie etwa den ſlaviſchen — die oben zitierte Stelle aus jenem Sendſchreiben Ermenrichs beweiſt, daß insbeſondere für den deutſchen Oſten auch mit ſolchen gerechnet werden muß — gänzlich fremd war.

Dieſe Auffaſſung der neuen Scharen fahrender Leute von ihrem Beruf und überhaupt ihre von der germaniſchen ſo verſchiedene Sinnesweiſe, dazu ihre völlige Heimatloſigkeit, ihr meiſt würdeloſes Gebahren und ausſchweifendes Leben, ſowie endlich die Betrügereien, Diebſtähle und ſonſtigen Ungeſetzlichkeiten, deren ſich dieſe Fremden nur zu häufig ſchuldig machten, alles das wirkte zuſammen, um ſie in germaniſchen Landen von vornherein nur eine äußerſt niedrige Stufe der Achtung und Wertſchätzung einnehmen zu laſſen. Dieſer Abſchaum des römiſchen Volkes verdiente es in der That nicht beſſer. Schlimm war nur, daß ſich dieſe Mißachtung nicht auch in einer Verachtung ihrer Spiele und Künſte äußerte. Der

Abb. 7. Römiſche Gladiatoren. Relief von einer römiſch-britiſchen Graburne, gefunden bei Colcheſter in England. ca. 1. Jahrh. n. Chr.

echte deutſche Mann mochte zwar die Römlinge nicht leiden, doch ihre Künſte ſah er gern. Hier lockte das Fremdländiſche eher als daß es abſtieß, und ſelbſt heute noch iſt ja auf dem Gebiete, um das es ſich hier handelt, das Neue ſtets zugleich das Siegreiche. Mißachtung und Beliebtheit hielten ſich alſo durchaus die Wage.

Doppelt begannen nun allmählich die alten nationalen Sänger unter dieſen Verhältniſſen zu leiden. Je mehr die große Maſſe der fremden Fahrenden zumal durch reichlichen Zuwachs aus den Einheimiſchen, die der äußere Flitterglanz blendete, der jenen geſpendete Beifall und die guten Einnahmen derſelben anlockten, ſich im Laufe der Jahrzehnte und Jahrhunderte germaniſierte, um ſo größer, um ſo unausweichlicher wurde für die Volksſänger alten Schlages die Gefahr, mit jenen neuen, leichtfertigen Elementen verwechſelt und über einen Kamm geſchoren zu werden. Da auf der anderen Seite ſogar ihre Kunſt, der alte Heldengeſang, wenigſtens bei den Vornehmeren mehr und mehr in Mißkredit geriet, ſo mögen namentlich ſeit dem neunten Jahrhundert viele von ihnen am Siege ihrer guten Sache verzweifelnd den Kampf aufgegeben haben. Schweren Herzens werden ſie ſich daran gemacht haben, ſich die mannigfachen Kunſtfertigkeiten, die die neue Zeit von dem vollendeten Jokulator oder Spielmann verlangte, anzueignen, zu Muſik und Geſang vor allem gymnaſtiſche und mimiſche Künſte: die Harfe ward mit der Rotte vertauſcht. Dennoch aber laſſen ſich noch bis in das ſpäte Mittelalter hinein, obgleich vielfach verändert,

I. 3. Einwirkung des Christentums

Abb. 8. Gaukler. Spielkarte des Meisters E. S. 15. Jahrhundert. Bologna, Pinakothek. L. 16, 9.

beide Richtungen, die auf eine nationale Grundlage zurückgehende und die in jener Frühzeit bereits dem deutschen Wesen aufgepfropfte, unter den fahrenden Leuten deutlich unterscheiden. Wir werden im Laufe unserer Darstellung noch mehrfach darauf zurückzukommen haben.

Wollte man nun aber nach dem Gesagten annehmen, daß einzig und allein das Erscheinen der fremden Gaukler und die Anziehungskraft ihrer neuen Produktionen den geschilderten Umschwung herbeigeführt, die alten nationalen Spielleute alsbald aus der Gunst des Publikums verdrängt hätten, so würde man einmal diese Gunst und das Ansehen, dessen sich die alten Sänger bisher erfreut, zu niedrig veranschlagen und man würde ferner den hauptsächlichsten, ja den ausschlaggebenden Faktor bei jenem Vorgang außer Acht lassen, die sich fortgesetzt verstärkende Einwirkung des Christentums. Dem Christentum mußte naturgemäß ein großer Teil der alten Lieder ein Greuel sein, nämlich alle, in denen sich noch ein ungezähmtes Heidentum offenbarte und durch den Beifall, den sie fanden, Triumphe feierte. Wie sollte der milde Christengott, wenn auch äußerlich vielleicht schon anerkannt, von dem innersten Wesen Besitz ergreifen, Einzug halten in die Herzen und Seelen der neu gewonnenen Brüder, wenn hier insgeheim noch Verehrung und Furcht vor den alten Göttern und Dämonen nisteten, wie konnte christliche Denkweise zu allgemeinerer Geltung gelangen, solange man noch an Schilderungen von Kämpfen und Blutvergießen einen Hauptgefallen fand!

So begann denn die langsam auch in deutschen Landen erstarkte Kirche einen Vernichtungskrieg gegen die alten Heldenlieder und die übrigen im Heidentum wurzelnden Gesänge. Mit kirchlichen Strafen wie in Wort und Schrift trat sie voll Eifer dagegen auf und suchte in der richtigen Erkenntnis von der Wichtigkeit dieser Frage vor allem nach einem Ersatz, der, im Sinne ihrer Bestrebungen wirkend, dennoch Vornehm und Gering gleich verständlich und annehmbar wäre. Von dieser Idee geleitet ließen sich manche Vertreter der Kirche, die sich bisher für Veröffentlichungen und Kundgebungen aller Art ausschließlich der lateinischen Sprache bedient hatte, nun auch die Pflege der deutschen Sprache angelegen sein. Ja sie studierten sogar, wie das Beispiel des Heliandsängers zeigt, die alten heidnischen Epen, um ihre christlichen Stoffe denselben in Ton und Technik möglichst genau anzupassen. Der Erfolg war, daß binnen kurzem die Geistlichen, an ihrer Spitze neben dem Dichter des Heliand der Mönch Otfried mit seiner großen Evangelienharmonie, das Feld der deutschen Dichtung beherrschten und von den germanischen Heldenliedern in ursprünglicher Fassung nur ganz geringe Reste auf uns gekommen sind. Noch Karl der Große hatte eine Sammlung derselben angelegt, aber sein Sohn und Nachfolger Ludwig der Fromme, der sich ganz der Kirche in die Arme warf und gleich ihr die heidnischen Gesänge verabscheute, machte das Werk des Vaters wieder zu nichte. Wie der Kaiser selbst wandten sich nun die vornehmeren Kreise immer mehr von der alten nationalen Dichtung ab, und die alten Sänger sahen sich dadurch auf die unteren Schichten der Bevölkerung, in denen sich trotz aller Gegenmaßregeln die Freude an den alten Sagen und Liedern noch Jahrhunderte lang erhielt, fast ausschließlich angewiesen und zu der großen Masse der übrigen Spielleute hinübergedrängt.

Doch es ist noch ein anderes, wodurch das Christentum auf die Klasse der fahrenden Leute und ihre Stellung im Kulturleben eingewirkt hat, das ist die allerdings nicht direkte, aber doch indirekte Begünstigung des Bettlerwesens, die von ihm ausging. Indessen darf man die treibende Kraft des Christentums in dieser Richtung auch nicht überschätzen, wie dies meines Erachtens selbst der hervorragendste neuere Historiker des deutschen Bettler- und Gaunertums, Avé-Lallemant, thut. Bettler hat es gewiß zu allen Zeiten und bei allen Völkern gegeben. Unter den antiken Schriftstellern erwähnt sie bereits Homer:

„Irren nicht etwa genug Landstreicher vor unseren Thüren,
„Solche beschwerliche Bettler und schmieriger Brocken
Verschlinger?" (Odyssee XVII, 376 f.)

Man wird also schwerlich sagen dürfen, daß das alte Heidentum das eigentliche Bettlertum überhaupt nicht gekannt habe, sondern in der sozialen Schichtung lediglich Herren und Sklaven zu unterscheiden gewesen seien, von denen die ersteren für die letzteren sorgten. Nicht erst geschaffen, wohl aber wesentlich gefördert, wurde dann der „Pauperismus", das Bettler- und Armenwesen, durch die seit den großen Aufständen in den letzten anderthalb Jahrhunderten vor unserer Zeitrechnung beständig zunehmende Sklavenemanzipation. Durch sie ward freilich die Masse der Besitzlosen im Römerreich außerordentlich vermehrt, und aus dieser mußte sich bei dem Verfall des Reiches ein richtiges Bettler- und Vagabundentum notwendig entwickeln. Man denke nur an die Wirren jeder Art, die wie die Zuckungen eines totkranken Körpers dem endlichen Untergang des weströmischen Reiches vorangingen, an die Unruhen des begehrlichen, ganz vom Staat unterhaltenen hauptstädtischen Pöbels, wenn die regelmäßigen Brot- und Getreidelieferungen einmal ausblieben, an die Aufstände des armen, hungernden, von blutsaugerischen Beamten zum äußersten gebrachten Volkes in den Provinzen.

Es kann nicht zweifelhaft sein: die Zustände des Römerreichs in den letzten Jahrhunderten seines Bestehens, wie sie hier nur flüchtig angedeutet werden konnten, hatten aus sich heraus sowohl das Bettlerwesen als auch das mit diesem stets Hand in Hand gehende oder ihm auf dem Fuße folgende Gaunertum für die ganze Ausdehnung des alten Imperiums bereits ausgebildet, ehe das Christentum durch die von ihm gepredigte Werkthätigkeit und die aus der indischen Philosophie und der Religion Buddhas übernommene Lehre von der Armut einen erheblichen Einfluß auf diese Entwicklung gewinnen konnte. Wohl aber hat das Christentum später das Bettlertum gewissermaßen sanktioniert und ihm dadurch in der That nicht unbeträchtlich Vorschub geleistet.

Abb. 9. Gaukler. Spielkarte des Meisters E. S. 15. Jahrhundert. Bologna, Pinakothek. L. 15, 8.

Abb. 10. Ringer und Fechter. Holzschnitt aus: Rodericus Zamorensis, Spiegel des menschlichen Lebens. Augsburg, Bämler, 1479.

Der Zusammenbruch des Römerreichs und die staatlichen Umwälzungen, welche die Völkerwanderungszeit mit sich brachte, hatten noch ein weiteres gewaltiges Anwachsen der besitzlosen, nun ganz auf den Bettel angewiesenen niederen Volksmenge zur Folge, und namentlich seit jener Zeit werden mit den fremden Gauklern auch Bettler aller Art im Reiche der Merowinger wie im Reiche Karls des Großen und seiner Nachfolger zahlreich anzutreffen gewesen sein, sich durch verkommene und arbeitsscheue einheimische Elemente, die schließlich nirgends fehlen, ergänzend und in ihnen fortpflanzend.

Schon zum Jahre 554 hören wir von einer fränkischen Verordnung gegen das Unwesen der fremden fahrenden Weiber, und in den Kapitularien des 9. Jahrhunderts sind bereits zahlreiche Bestimmungen gegen das überhand nehmende Bettlerwesen enthalten. So wird 806 allen Königstreuen befohlen, ihre Armen daheim und zur Arbeit zu halten und nicht zu dulden, daß sie bettelnd im Lande umherziehen. Diese Vorschrift wird in späteren Kapitularien noch verschiedentlich eingeschärft und gelegentlich dahin erweitert, daß die Großen des Landes durch entsprechende, nicht harte oder drückende Behandlung der in ihrem Machtbereich sitzenden ärmeren Freien bestrebt sein möchten, diese davon abzuhalten, daß sie sich dem Bettler-, Gauner- und Räuberleben ergäben.

Es wird hier der Finger auf eine Wunde gelegt, die sich schon früh am Körper des römischen Reiches deutscher Nation zeigte und ähnlich wie die oben angedeuteten Mißstände und dadurch veranlaßten Wirren im alten Römerreich so auch hier wie von selbst ein einheimisches Bettlertum großziehen mußte. Gemeint ist die frühzeitig beginnende Aufsaugung der kleinen freien Leute durch die großen Herren, die Grafen, geistlichen und weltlichen Fürsten. Jene, die den besten Kern der großen Masse des Volkes bildeten, vermochten in den mannigfachen Stürmen und Fehden des frühen und hohen Mittelalters ihr kleines von den Vätern ererbtes freies Eigen in der Regel nicht auf die Dauer gegen die Habgier und Arrondierungssucht der großen Lehensträger zu behaupten. Wer nicht völlig um Hab und Gut gebracht sein wollte, sah sich schließlich genötigt, sein Grundstück von einem Mächtigeren, der nun den Schutz übernahm, zu Lehen zu nehmen. In späterer Zeit erging es auch den weniger begüterten Rittern nicht besser. Aber, wie schon das oben zitierte Kapitulare andeutet, namentlich anfangs, als sich dieser Usus noch nicht eingebürgert hatte, die Aufgabe der Freiheit des Grundbesitzes noch als eine Schande betrachtet wurde, haben gewiß manche dieser Freien, durch planmäßige Quälereien und Gewaltthätigkeiten seitens eines mächtigen Nachbarn von Haus und Hof vertrieben und auf bessere Tage und Wiedervergeltung hoffend, die Scharen der Fahrenden vermehrt. Das Bettlertum insbesondere wird auch aus den Reihen der Hörigen, denen die rauhe Hand eines hartherzigen Gebieters die Heimat verleidet, frühzeitig reichen Zuwachs erhalten haben.

Ein genaueres Eingehen auf alle diese Verhältnisse, die in der älteren deutschen Rechtsauffassung, in der Verfassungs- und Wirtschaftsgeschichte tief begründet liegen, würde uns allzu weit ab von unserem Wege führen. Der flüchtige

1, 4. Die fahrenden Leute am Ausgang der karolingischen Zeit

Hinweis muß genügen, um uns auch hier von einer Überschätzung der Einwirkung des Christentums zurückzuhalten.

In dieser Zusammensetzung also, deren verschiedenartige Elemente wir samt den bewegenden Ursachen im obigen näher kennen gelernt haben, traten die fahrenden Leute aus der karolingischen Epoche in das hohe Mittelalter ein. Da die Heimatlosigkeit und das unstete Wanderleben allen gemeinsam war, gewöhnte man sich mehr und mehr daran, sie als eine unterschiedslose Masse, als die Menge begehrender oder Gabe heischender Leute zu betrachten, wenn auch hin und wieder Stimmen laut wurden, die eine Scheidung nach der Güte der künstlerischen Leistungen, eine Einteilung in verschiedene Klassen versuchten oder vorschlugen. Selbstverständlich wirkte dabei die Ausbildung des richtigen Bettlertums auf die soziale Stellung und das Ansehen der Spielleute weiterhin schädigend ein, und dies um so mehr, als, wie schon erwähnt, das Bettlertum nicht lange ohne seinen von ihm unzertrennlichen Genossen, das Gaunertum, blieb. Vielleicht die älteste Nachricht von dem Erscheinen des letzteren auf fränkischem Boden findet sich gleichfalls bereits in einem fränkischen Kapitulare, in dem von Gaunern die Rede ist, die unter der Maske von Händlern ihrem diebischen und betrügerischen Gewerbe nachgingen.

Die alten, ehemals so hochgeschätzten Volkssänger wurden durch diese neue Wendung der Dinge also gewissermaßen um eine weitere Stufe erniedrigt. Die Beliebtheit der Produktionen der Spielleute litt indessen auch darunter keineswegs. Frühzeitig finden wir sogar Gaukler an Fürstenhöfen in festen Stellungen, im Hofdienste, wie aus der Geschichte des Königs Miro von Gallicien und seines Spielmanns, die Gregor von Tours zum Jahre 589 berichtet, sowie aus einer karolingischen Verordnung aus dem Jahre 789 hervorgeht, in der allen Bischöfen, Äbten und Äbtissinnen verboten wurde, Possenreißer, Falken und Habichte zu halten. Augenscheinlich fand man damals noch dergleichen Vergnügungen mit dem geistlichen Berufe nicht recht verträglich, während man die ständige Anwesenheit von Spielleuten und Gauklern an den Höfen der weltlichen Herren, die zweifellos vorausgesetzt werden darf, unbeanstandet ließ. Sehr wirkungsvoll sind jedoch solche Verbote nie gewesen, und in der folgenden Epoche werden uns die bedeutenderen Talente unter den Spielleuten häufig genug im Hofdienste sowohl der

Abb. 11. Am Wege sitzende Bettler. Holzschnitt aus: Johannes Damascenus, Chronika von Josaphat und Baarlaam. Augsburg, G. Zainer, 1477.

II. Das hohe Mittelalter. 1. Die Spielleute

Abb. 12. Zwei Bettler. Holzschnitt aus der ersten xylographischen Ausgabe der Apokalypse um 1465.

weltlichen wie auch der geistlichen Fürsten begegnen.

Wir haben auf die zunehmende Geringschätzung, ja Verachtung, der die fahrenden Leute bereits in der Frühzeit des deutschen Mittelalters verfielen, bisher fast lediglich aus dem ganzen Entwicklungsgange dieser Menschenklasse und den Elementen, die sie nach und nach in sich aufnahm, geschlossen. Nur selten wird uns in jener Zeit schon eine solche Mißachtung durch direkte Äußerungen oder Verordnungen auch thatsächlich bezeugt. Indessen mehren sich in der späteren Epoche, die wir nunmehr zu betrachten haben, dergleichen Äußerungen so rasch, daß wir daraus wohl gleichfalls Rückschlüsse auf die frühere Zeit ziehen dürfen. Erst jetzt nimmt überhaupt die Mißachtung des Standes festere Gestalt an und schlägt sich auch in den verschiedenen Rechtsaufzeichnungen nieder. Und da die rechtliche und soziale Stellung des einzelnen wie einer größeren Gemeinschaft den Charakter der Erscheinung, d. h. Art und Auftreten, stets wesentlich bedingt, so werden wir hier zunächst die staatliche Eingliederung der Spielleute in den Organismus des alten römischen Reiches deutscher Nation ins Auge zu fassen haben.

Von einer richtigen Eingliederung kann nun, wenigstens für die erste Hälfte des Mittelalters, eigentlich kaum die Rede sein. Denn da die Rechtsbeziehungen des Einzelnen sich ursprünglich an die Stammeszugehörigkeit, dann immer mehr an den ständigen Wohnsitz knüpften und danach richteten — wie sich denn diese beiden Prinzipien auch heute noch vielfältig durchdringen und mischen — für die fahrenden Leute aber, deren Heimat die Landstraße war, sich in der Regel weder nach Herkunft und Geburt eine Zugehörigkeit feststellen ließ, noch das Recht eines bestimmten Aufenthaltsortes in Frage kommen konnte, so standen sie von vornherein außerhalb des Rechtes, waren in des Wortes weitester Bedeutung rechtlos. Als man daher bei fortschreitender Kultur zu einer Fixierung der Rechtsverhältnisse durch planmäßige Sammlung, Ordnung und Aufzeichnung der für weite Landesteile geltenden gesetzlichen Bestimmungen gelangte, fand man hinsichtlich der fahrenden Leute eine Lücke, die man nun entweder unbekümmert bestehen ließ, die Behandlung der rechtlosen Menge weiterhin der Willkür der verschiedenen Ortsobrigkeiten überlassend, oder notdürftig mit Bestimmungen zu füllen suchte, die sich hie und da als Gepflogenheiten herausgebildet haben mochten und sich oft seltsam und unorganisch genug ausnahmen. Die völlige Rechtlosigkeit der Fahrenden wurde dadurch nicht aufgehoben, nur selten in etwas gemildert.

Diese Härte der mittelalterlichen Menschen gegen eine Klasse von Leuten, deren ganzer Beruf doch darauf hinauslief, ihren Mitmenschen Freude und Vergnügen zu bereiten, entsprang jedoch nicht lediglich aus der Standes- und Heimatlosigkeit der Spielleute, sondern, wie im vorigen Abschnitt bereits ebenfalls angedeutet, zum guten Teil auch aus ihrem Berufe selbst, dessen Ausübung um Lohnes willen, um Geld und Gut, sich mit dem alten deutschen Ehrbegriffe nicht vertrug. Sie gaben durch ihr häufig possenhaftes Gebahren, ihr gewerbsmäßiges Buhlen um die Gunst des Publikums, ihre Gier nach Belohnung für ihre Künste ihre Mannesehre preis oder, wie es die mittelalterlichen Quellen ausdrücken, sie nahmen Gut für Ehre und wurden daher für ehrlos geachtet, zu den unehrlichen, "henkersmäßigen" Leuten gerechnet, denen alle bürgerlichen Rechte fehlen. Bekanntlich gehörten zu diesen außer dem Scharfrichter und seinen Knechten im Mittelalter und bis tief in die neuere Zeit hinein beispielsweise auch die Hirten und Schäfer, die frühzeitig im Rufe der Zauberei standen und später nicht selten als Lehrmeister der Hexen begegnen.

Als ehr- und rechtlos also figurieren die Spielleute überall in den Rechtsaufzeichnungen des Mittelalters, voran in den beiden großen Rechtsbüchern, dem Sachsenspiegel und Schwabenspiegel. So galt es als erlaubt, einen "Klopffechter um Geld" zu erschlagen wie einen herrenlosen Hund, ohne Buße. Eine ähnliche, gleichfalls die tiefste Verachtung ausdrückende und noch dazu hohnvolle Bestimmung enthält das schwäbische Landrecht. "Spielleuten und allen denen, die Gut für Ehre nehmen", so schreibt es vor, "denen giebt man eines Mannes Schatten von der Sonne, das heißt: wer ihnen ein Leides gethan hat und dies büßen soll, der soll vor eine von der Sonne beschienene Wand treten und der Spielmann soll herzugehen und dem Schatten an der Wand an den Hals schlagen. Mit dieser Rache soll ihm die Buße geleistet sein." In dem gleichen Geiste und Tone sind die einschlägigen Bestimmungen einiger der ältesten Stadtrechte gehalten. "Wenn jemand einen leichten Mann, etwa einen Bettler oder einen bösen (d. h. gemeinen) Spielmann schlägt", heißt es im Haimburger Stadtrecht, "so soll er dem Richter nichts dafür zu geben schuldig sein, und auch dem Geschlagenen nichts, außer drei Schläge, die mag er ihm noch fröhlich dazu geben."

So wenig wie das Gesetz Leib und Leben der fahrenden Spielleute schützte, so wenig schützte es auch ihre Habe. Wer sich dem verachteten Gewerbe zuwandte, der ging, falls nicht schon sein Vater ein Spielmann gewesen, aller Erbansprüche verlustig, und auch gegen Überfall und Beraubung stand ihm kein Recht oder Gesetz zur Seite.

Da er keine Ehre besaß, konnte sie ihm auch nicht genommen werden. Diesen an sich ja überaus einleuchtenden Satz vertreten die meisten älteren Rechtsbücher auch, wo es sich um die Frage handelt, ob Notzucht, an fahrenden Frauen begangen, zu bestrafen sei. Diese Frage wird dementsprechend im allgemeinen verneint. So bestimmt das älteste Brünner Stadtrecht, daß demjenigen, der bei einem fahrenden Weibe betroffen wird, vom Richter keinerlei Strafe auferlegt werden soll, und an einer andern Stelle desselben Rechtsbuches heißt es, daß derjenige, welcher einen Kleriker oder Laien deswegen, weil derselbe ein fahrendes Weib zur Tages- oder Nachtzeit und an welchem Ort es sei fleischlich erkennt, an seinem Eigentume schädigt, wie ein Dieb oder Räuber bestraft werden soll. Allerdings vertreten der Sachsenspiegel und einige ihm verwandte Rechtsbücher die entgegengesetzte Auffassung, nach der das Schwergewicht nicht auf Bescholten-

Abb. 13. Bettlergruppe. Holzschn. aus: Spiegel menschlicher Behaltniß. Basel, B. Richel, 1476. Hain 14926.

Abb. 14. Bettlerpaar. Kpfr. des seit ca. 1470 thätigen Monogrammisten b ⨯ s. München, Kupferstichkabinet. P. 24.

Spielleute auf den Abbildungen der Heidelberger Handschrift des Sachsenspiegels mit solchem geschorenen Haar dargestellt sind und auch in der Litteratur verschiedentlich der geschorenen oder kahlköpfigen Spielleute Erwähnung geschieht, so kann doch diese Haartracht, wie namentlich Stosch in seiner Arbeit über den Hofdienst der Spielleute im deutschen Mittelalter ausgeführt hat, auch sehr wohl auf eine neu aufkommende Mode zurückgeführt werden, die, von der Provence ausgehend, „ihren Weg über Nordfrankreich in unser Vaterland nahm und seit dem 11. Jahrhundert den freien Haarwuchs des deutschen Mannes sich zum Opfer forderte". Auch das Verbot des Waffentragens, das uns — allerdings erst 1320 — in einer Regensburger Verordnung einmal begegnet, kann auf allgemeinere Gültigkeit wohl keinen Anspruch erheben und wird vermutlich weniger in der Ehrlosigkeit der Spielleute als in bestimmten lokalen Vorkommnissen seinen Grund gehabt haben.

Wie sich freilich auch ohne gesetzliche Bestimmungen die Tracht der Fahrenden, insbesondere heit oder Unbescholtenheit der Frau, sondern auf die vom Manne an dem schwächeren Weibe geübte brutale Gewalt zu legen ist, und das älteste Augsburger Stadtrecht setzt z. B. die Strafe des Lebendigbegrabenwerdens gleichermaßen für jeden fest, der „notnunst begät an megden, an wiben oder an varnden wiben", wenn er bei der That ergriffen wird; andernfalls tritt die Acht ein. Aber in einer späteren Redaktion des Augsburger Stadtrechtes sind an dieser Stelle die fahrenden Weiber ausgelassen, und auch sonst macht sich in den Rechtsbüchern dieser Gruppe allmählich eine Hinneigung zu jener anderen Auffassung, die ein neuerer Rechtshistoriker als die veredelte bezeichnet, geltend.

Ob sich die Spielleute, ihrer Rechts und Ehrlosigkeit entsprechend, etwa wie später die feilen Dirnen in den öffentlichen Häusern der Städte, durch ein bestimmtes, ihnen vorgeschriebenes Abzeichen, nämlich kurz geschorenes Haupt- und Barthaar von dem freien Manne, dem ehrbaren Bürger unterschieden haben, ist eine noch nicht völlig gelöste Frage. Das Schweigen der verschiedenen Rechtsbücher über diesen Gegenstand spricht entschieden dagegen; und wenn auch die

Abb. 15. Zerlumptes Bauernpaar auf der Landstraße. Kpfr. vom Monogrammisten b ⨯ s. Berlin, Kupferstichkabinet. P. II, 121, 29.

II, 1, b. Die Kirche und die Spielleute 21

Abb. 16. Bettler, der sein Weib im Schubkarren fährt. Kpfr. des seit ca. 1470 thätigen Monogrammisten b ⨯ 8. Dresden, Kupferstichkabinet. B. 20.

der Spielleute, von derjenigen der anderen Menschen zumeist sehr wesentlich unterschied, davon wird weiter unten noch ausführlicher zu handeln sein.

Trotz der Kluft, die zwischen dem altgermanischen Ehrbegriff und dem Gewerbe, der Lebensauffassung und Lebensführung der Spielleute liegt, hätten wohl die gesetzlichen Bestimmungen, die sich mit ihnen befassen, kaum diese Schärfe angenommen, wären schwerlich so mit Hohn und Grausamkeit durchtränkt worden, hätte nicht die Kirche, für das Mittelalter der höchste Leitstern auch in Sachen der Moral, solcher Härte Vorschub geleistet durch den Haß und Abscheu, womit sie die Spielleute verfolgte. Den Grund dafür haben wir in dieser Zeit weniger in dem Fortleben, welches das Heidentum in manchen Liedern der fahrenden Sänger feierte, als ganz allgemein in der den Freuden der Welt abgewandten Tendenz des Christentums zu suchen. Da das irdische Leben nur als eine Vorbereitung auf das himmlische Leben und die ewige Glückseligkeit aufgefaßt werden sollte und möglichste Welt-

entsagung als die beste Vorbereitung gepredigt und gepriesen wurde, konnte die Kirche auf das Treiben der Spielleute in der That nicht anders als mit dem größten Zorne und der tiefsten Entrüstung sehen. Es entspricht durchaus und haarscharf der Auffassung der Kirche, wenn die Pfeifer und Lautenschläger beim Tanz in einer Predigt als des Teufels Meßner bezeichnet werden oder wenn ein anderer frommer Eiferer „ein Spielmann sein" und „unrichtig leben" für gleichbedeutend erklärt und zu den sieben Todsünden rechnet. Am schroffsten aber hat sich wohl völlig im Einvernehmen mit der Kirche der große Bußprediger des Mittelalters, Bruder Berthold von Regensburg, in einer Predigt „von zehn Chören der Engel und der Christenheit" über die Spielleute und ihren von Grund aus verwerflichen Beruf ausgesprochen. Er teilt in dieser Predigt gemäß der Einteilung der Engelscharen die Menschen nach ihrer Beschäftigung in zehn Klassen oder Chöre. Wie Lucifer und die Seinen, die den zehnten Engelschor bildeten, von Gott abgefallen und nun auf ewig in Nacht und Verdammnis verstoßen sind, so ist auch die letzte, niedrigste

Abb. 17. Zwei ringende Männer auf der Landstraße. Kpfr. vom Meister des Hausbuches. Amsterdam, Kupferstichkabinet. L. 62.

und gemeinste Klasse der Menschen „gar von uns gefallen und abtrünnig worden". „Das sind", sagt er (ich folge der Übersetzung ins Neuhochdeutsche, wie sie Friedrich Vogt in seinem Vortrage über das „Leben und Dichten der deutschen Spielleute im Mittelalter" von der Stelle gegeben hat) „die Gungelleute (Possenreißer), Geiger, Tamburer und wie sie alle heißen mögen, die Gut für Ehre nehmen. Sie reden von einem das beste, was sie nur können, so lange es er hört, und kehrt er ihnen den Rücken, so reden sie das böseste und schelten viele, die vor Gott und der Welt gerechte Leute sind, und loben, die Gott und der Welt zum Schaden leben. Denn ihr ganzes Leben haben sie auf Sünde und Schande gerichtet und schämen sich keiner Sünde noch Schande. Und was der Teufel zu reden verschmäht", wendet sich nun der Prediger direkt an den Spielmann, „das redest du und alles, was der Teufel in dich schütten kann, läßt du aus deinem Munde gehen. Wehe, daß du je der Taufe teilhaftig wurdest! Wie hast du Taufe und Christentum verleugnet! Alles, was man dir giebt, das giebt man dir mit Sünde, denn sie müssen Gott Rechenschaft ablegen am jüngsten Tag, die dir geben. So giebt man es dir mit Sünde und so empfängst du es mit Sünde und Schande. Fort mit dir, wenn du irgendwo hier unter uns bist; denn du bist uns abtrünnig geworden mit Schalkheit und Liederlichkeit und darum sollst du zu deinen Genossen gehen, den abtrünnigen Teufeln; denn du heißt nach den Teufeln und bist nach ihnen genannt: du heißest Lasterbalg, dein Geselle Schandolf, so heißt ein anderer Hagedorn, dieser Höllenfeuer, jener Hagelstein. So hast du einen schimpflichen Namen wie deine Gesellen, die Teufel, welche abtrünnig sind." Wie diesen wird ihnen das Himmelreich ewig verschlossen bleiben. „Wer als ein Spielmann", heißt es in dem Gedicht „die Warnung", „in das Reich Gottes eingehen will, dem wird Hab und Gut, das er sich in Sünden erworben, nichts nützen; er wird draußen vor der Thüre bleiben müssen; um nichts und wieder nichts, nach einem im Müßiggang verbrachten Leben giebt Gott die ewige Seligkeit niemandem."

Bei solchen Anschauungen kann es uns nicht wunder nehmen, wenn die Spielleute in der Regel vom Sakrament des Abendmahls ausgeschlossen waren. Ist doch noch zu Ende des 17. Jahrhunderts demjenigen Manne, dessen tüchtiges und edles Streben eine neue Phase in der Entwicklungsgeschichte des deutschen Theaters einleitet, dem Magister Johannes Velten, die Teilnahme daran von der Geistlichkeit lediglich seines Schauspielerberufes wegen verweigert worden.

Ihrer rechtlichen und kirchlichen entsprach im allgemeinen auch ihre soziale Stellung. Hatte die rasch und tief eingewurzelte Mißachtung ihres Standes und Berufes Maßnahmen und Bestimmungen zu ihren Ungunsten herbeigeführt, wie wir sie soeben kennen gelernt haben, so waren nun diese Festsetzungen wiederum ganz dazu angethan, jene dem ganzen Stande ohne Unterschied entgegengebrachte Geringschätzung noch zu verstärken. Man folgte darin eben nur dem Beispiele und den Vorschriften der weltlichen und geistlichen Obrigkeit. Der Spielmann stand außerhalb aller sittlichen Ordnung, und so fühlte man sich ihm gegenüber vielfach kaum zur Einhaltung eines gegebenen Versprechens, der zugesicherten Treue verbunden. Ganz charakteristisch für diese Auffassung und überhaupt für die rücksichtslose und grausame Art, mit der insbesondere der Adel gelegentlich mit dem verachteten Spielmann umzuspringen liebte, ist eine Begebenheit, die uns Lambert von Ardre in seiner um 1200 verfaßten Geschichte der Grafen von Ghisnes und Ardre berichtet. Als bei der Hochzeit des Grafen Arnold viel fahrendes Volk zusammengeströmt war, befand sich darunter auch ein Possenreißer und starker Trinker, der sich anheischig machte, ein größeres Faß Bier aus dem herrschaftlichen Keller in einem Zuge auszutrinken, wenn ihn der Herr Graf für dieses Kunststück mit einem Pferde zu begaben bereit sei. Der Graf ging auf den Vorschlag ein, worauf der Gaukler, nachdem alle nötigen Vorkehrungen getroffen waren, sich an die Arbeit machte und wirklich — „o Völlerei der Trinker und unbedachte Freigebigkeit der Fürsten", ruft unser Historiker aus — in kürzester Frist das ganze Faß leerte. „Als er fertig war, sprang er mitten unter die Gäste, präsentierte als Zeichen der soeben geübten possenhaften Kunst oder vielmehr seiner Völlerei den Zapfen im Munde und begann mit schreiender und triumphierender Stimme das Pferd, das er mit seinem Trinken dem Vertrage gemäß gewonnen habe, zu fordern. Der Bräutigam aber, mit sprühenden Augen ihn anschauend, befahl, ihm sofort ein Roß zu satteln und zu geben. Die Diener jedoch, von ihres Herrn Absichten weislich vorher unterrichtet, sprangen schnell vor, hieben Bäume ab, errichteten aus ihnen einen Galgen und ließen ihn auf dem Folterrosse (einer Foltermaschine, die mit einem Pferde Ähnlichkeit hatte) reiten."

Allerdings liegt die Örtlichkeit, die der Schauplatz dieses grausamen Spiels war, nicht auf deutschem, sondern auf französischem Boden, und die geschilderte Begebenheit hätte daher hier, wo es sich nur um die Entwicklung der deutschen Verhältnisse handelt, streng genommen nicht als Beispiel herangezogen werden dürfen. Hinsichtlich der Behandlung und der Stellung der Spielleute weisen indessen beide Länder zu jener Zeit noch eine so große Ähnlichkeit auf, daß wir in Fällen wie dem vorliegenden unbedenklich das eine für das andere setzen, von dem einen auf das andere schließen dürfen: der Vorfall hätte sich in ganz der gleichen Weise ebenso gut in Deutschland abspielen können. Ist er doch im Grunde nur der zur That gewordene Ausdruck eben der Gesinnung, die selbst die deutschen Rechtsbücher, wie wir eben gesehen haben, gegenüber den Spielleuten überall bekunden.

Und zu den drohenden und mahnenden Stimmen eifernder Geistlicher gesellten sich, besonders seit in der zweiten Hälfte des Mittelalters das Bürgertum die Pflege des deutschen Schrifttums mehr und mehr an sich brachte, immer häufiger die Stimmen von Laien, die mit der gleichen Strenge über die verworfenen Scharen der Spielleute zu Gericht saßen und über sie und die Liebhaber ihrer Künste den Stab brachen. „Ein Mensch, der den Gauklern anhanget," sagt Niclas von Wyle im 15. Jahrhundert, „überkommt gar bald eine Frauen, deren Name sein wird: Armut. Wie aber wird heißen dieser Frauen Sohn? Fürwahr: Verspottung. Gefällt dir des Gauklers Wort? Thu als ob du es nicht hörtest und an anderes dächtest. Denn wer da lachet und sich freuet an den Worten eines Gauklers, der hat sich damit selbst ein Pfand des Todes gegeben."

Bestimmt durch Ton und Haltung der obrigkeitlichen Verordnungen und mehr noch durch die Lehren der Kirche, wird die allgemeine Ansicht über Stand und Nutzen der Spielleute auch in der Zeit, die wir hier zunächst vor Augen haben,

Abb. 18. Dudelsackbläser. Kpfr. vom Meister des Hausbuchs. 15. Jahrh. Amsterdam, Kupferstichkabinet.

Abb. 19. Buchstabe X, gebildet aus Psalterionspieler, Blaterpfeifer, Hornbläser, Glockenspieler. Kpfr. vom Meister E. S. 1466. B. 103.

der gleichen Beliebtheit bei Vornehm und Gering, wie zu der Zeit, da Tacitus zuerst von der germanischen Sangesfreudigkeit berichtete.

Dabei läßt sich frühzeitig ein durchgehender Unterschied zwischen dem, woran das gewöhnliche Volk und dem, woran die höheren Klassen, die „Gebildeten", wie wir heute sagen würden, besonderes Gefallen fanden, konstatieren, wenn auch von einem Riß, wie er heutzutage durch die Gesellschaft geht und mit dem ganzen Fühlen und Denken auch den Geschmack der Gebildeten durchaus von dem der großen Masse scheidet, im Mittelalter noch keineswegs die Rede sein kann. Dieser datiert erst seit der Renaissance und den mit ihr aufgekommenen humanistischen Studien.

Allerdings sind wir namentlich über die weltliche Musik der Zeit bisher so wenig unterrichtet, daß sich auch nicht sagen läßt, wieweit sich hier ein solcher Unterschied geltend gemacht habe. Doch ist derselbe in der schönen Litteratur der ersten Blütezeit unserer Poesie nicht zu verkennen, wenn auch hin und wieder die höfische Gesellschaft einmal an der derben Geisteskost der bäuerischen Kreise Geschmack gefunden oder umgekehrt der gemeine Mann gelegentlich von den Schüsseln der Herren genascht hat — freilich mehr, um mit feineren Sitten und Sinnen zu prunken, als weil seinem Gaumen die Leckerbissen der vornehmen Welt thatsächlich zugesagt hätten. Wenn Walther von der Vogelweide in einem seiner Lieder darüber klagt, daß „ungefüge Töne" an den Höfen und auf den Burgen mehr und mehr Eingang fänden und den höfischen Gesang zu verdrängen drohten, wie das Geschrei der Frösche die Nachtigall zum Schweigen brächte, und mit der Mahnung schließt, solche „Unfuge" nicht aufkommen zu lassen, sondern sie zu den Bauern zurückzuschicken, von denen sie hergekommen sei, so zeigt auch diese Stelle klar, daß der angedeutete Gegensatz bereits vorhanden war und auch als solcher empfunden wurde. Es sind Dichter wie Neidhart von Reuenthal und der Tannhäuser, gegen die Walther hier zu Felde zieht, größtenteils Adlige, deren rohe, „dörperliche" Weisen und ungeschlachte, auch eine derbe Zote gelegentlich nicht verschmähende, oft übertriebene Schilderungen aus dem Bauernleben ihre an die süßen Töne und

schwerlich eine von der des späteren Eßlinger Stadtschreibers wesentlich abweichende gewesen sein. Aber wie außerordentlich haben in Fragen solcher Art Theorie und Praxis zu allen Zeiten differiert! Nirgends mehr als hier hat sich, wenn auch der Geist willig war, das Fleisch als schwach erwiesen, und gerade in der heiteren und lebensvollen ersten Hälfte des deutschen Mittelalters war der Spielmann überdies bei aller Verachtung, die seinem Berufe und unsteten Wesen entgegengebracht wurde, ein ganz unentbehrliches Glied der Gesellschaft. Ist er doch, von allem andern zunächst abgesehen, in jenen Zeiten der hauptsächlichste, ja eigentlich der alleinige Vertreter der weltlichen Musik wie auch der weltlichnationalen Dichtkunst. Wie die Kirche ihre Leser, Sänger und Psalmisten habe, sagt schon Walafried Strabo, so habe die Welt Schauspieler und Rhapsoden. „Und Musikanten", hätte er hinzusetzen können, wenn er diese nicht etwa mit unter den Rhapsoden begriffen. Denn nach wie vor übten Musik und Gesang eine gleich starke Wirkung, erfreuten sich die Spielleute — dieses Wort hier einmal in unserem heutigen Sinne genommen —

Beilage 1. Frauenlob und seine Kapelle. Nach einer Miniatur der Manessischen Handschrift. 13. Jahrhundert. Heidelberg.

zierlichen, oft überschwänglichen Redewendungen des Minnegesangs gewöhnten Standesgenossen eben durch diesen Kontrast höchlichst belustigten. Von den bäuerlichen Liedern selbst, die jene nachahmten und dabei meist ins lächerliche zogen, hat sich freilich in der alten Fassung kaum irgendwo etwas aus dieser Zeit erhalten.

Doch die neue Richtung in der lyrischen Poesie selbst, die ihren Ursprung aus romanischem Wesen genommen hatte, und mehr noch der Betrieb des Minnegesangs haben nun auf die Stellung und die Produktion der eigentlichen Spielleute in mannigfacher Weise eingewirkt. Wenn die Beliebtheit ihres Gesanges und ihrer Musik einerseits durch die höfische Ausübung beider Künste durch die Ritter und Herren selbst naturgemäß vielfache Einbuße erleiden mußte, so legten doch anderseits die vornehmen Minnesinger großes Gewicht darauf, daß die von ihnen erfundenen Weisen eine möglichst weite Verbreitung fänden und so das Ansehen und den Ruhm ihres Autors in der höfischen Gesellschaft mehrten. Dazu aber war niemand geeigneter als die Spielleute, die ihr Beruf von Ort zu Ort und durch vieler Herren Länder führte und die nun nicht selten im Dienste eines Ritters, der sie dafür belohnte, dessen Weisen überall, wohin sie kamen, erklingen ließen, oft noch überdies mit geheimer Botschaft an die Dame ihres Herrn, die den Abgesandten an der vorgetragenen Melodie erkannte, betraut. Andere wurden von den Vornehmen herangezogen, damit sie dem heranwachsenden Geschlecht Unterricht im Saitenspiel und im Gesange sowie auch im Dichten und Komponieren erteilten. Bisher hatte wohl der Hauskaplan dem jungen Volke die Grundelemente der Musik beizubringen gesucht. Seit aber die höfische Bildung mehr verlangte, den Nachdruck auf eigene Produktion und noch dazu auf die Abfassung höchst weltlicher Minnelieder legte, mußte er meist dem weltgewandten Spielmann diesen Platz einräumen, der dadurch oft für längere Zeit an den Edelsitz eines bestimmten Herrn gefesselt war. So lesen wir in Gottfrieds von Straßburg berühmtem Gedicht, daß Tristan, da er als Spielmann verkleidet nach Irland gekommen ist, zum Lehrer der jungen Königstochter Isolde bestellt wird. Kunstreich ist er wie nur einer. Schon am Hofe Markes von Kurneval hat er sich im Harfenspiel, im Gesange und durch die Kenntnis fremder Sprachen hervorgethan und allgemeine Bewunderung erregt. Isolde, die von höfischem Wesen „mit handen und mit munde" schon vordem viel gelernt hatte, außer ihrer eigenen Sprache Französisch und Lateinisch verstand, in wälscher Weise zu fiedeln und auch mit Leier und Harfe umzugehen wußte, lernt unter der Anleitung des vermeintlichen Spielmanns noch viel hinzu. In allem verbessert er ihre Kenntnisse, und sogar in höfischer Sitte, in seinem Anstande weiß er seine gelehrige Schülerin im Laufe eines halben Jahres noch so

Abb. 20. Spielleute und Gaukler. Im Vordergrund Kapelle mit Bettler, dem ein Geldstück als Gabe gereicht wird. Dann Spielleute mit Trompete, Fagott, Flöte, und Mandoline, vor einer vornehmen Gesellschaft. Im Hintergrunde Fechter und Kraftproduktionen mit schweren Steinen. 15. Jahrhundert. Federzeichnung aus dem Hausbuch des Fürsten Waldburg-Wolfegg.

zu fördern, daß das ganze Land von ihrer entzückenden Anmut sprach und ihre Eltern große Freude davon gewannen.

Die Stelle, in der weiterhin noch die zahlreichen verschiedenen Arten von Musikstücken und Dichtungen aufgezählt werden, in deren Verfertigung und Vortrag es Isolde durch Tristans Unterricht zur Meisterschaft brachte, zeigt uns einmal, wie hohe Anforderungen man zur Zeit der schönsten Blüte mittelalterlichen Wesens an eine vollkommene höfische Bildung stellte, sowie ferner, welch seltene Kenntnisse und hervorragende Talente man bei einem Spielmann, als der doch Tristan in Irland galt, offenbar nicht eben verwunderlich fand. Gewiß hat Friedrich Vogt in seinem bereits oben zitierten Vortrage Recht, wenn er annimmt, daß begabtere Spielleute eben durch den Unterricht der jungen Edelleute sicherlich auch einen nicht unbedeutenden Einfluß auf die höfische Dichtung, wenigstens auf den notwendig mit Musik verbundenen Minnesang gehabt haben. Ja es läßt sich der Verdacht nicht ganz unterdrücken, daß vielleicht bei manchem der süßen Minnelieder, das unter dem Namen irgend eines ehrenfesten Ritters in die Welt ging, ein kunstgewandter Spielmann seine Hand beträchtlich möchte im Spiel gehabt haben.

Die talentvolleren und geistig bedeutenderen unter den Spielleuten standen sich bei dieser Lage der Dinge also im allgemeinen nicht übel. Sie gelangten so nicht selten für längere Zeit zu reichlicher Leibesnahrung und wohnlicher Unterkunft, worauf ja doch das Sinnen und Trachten der großen Mehrzahl dieser armen Schelme in erster Linie gerichtet war; denn das unstete Leben der Fahrenden entsprang in der Regel weniger einer angeborenen Lust zu beständigem Ziehen und Wandern, sondern lag, wie das früher schon angedeutet worden ist, vornehmlich in ihrem Berufe selbst bereits begründet. Namentlich für die rauhe Jahreszeit sah sich gern ein jeder von ihnen nach einem ruhigen und geschützten Plätzchen, einem gastlichen Dache zu möglichst lange dauerndem Aufenthalt um, und nur wenn nach dem kalten Winter unter den warmen Strahlen der Frühlingssonne überall in der Natur ein neues Treiben und Sprießen und Blühen begann, dann regte sich auch bei den also glücklich Untergeschlüpften wieder Wandertrieb und Freiheitsdrang, und ein goldiger Lenzmorgen fand wohl ihre Stätte auf der gastfreundlichen Burg leer.

Schlimmer stand es um die geringeren Spielleute — frühzeitig schon wird zwischen solchen, die auch wohl gemeine oder böse Spielleute genannt werden, und ihren vornehmeren und kunstverständigeren Standes- und Berufsgenossen unterschieden. Für sie und ihre Musik, mochten Wort und Weise auch oft nationaleren Ursprungs sein als die Lieder ihrer der höfischen Sitte huldigenden begabteren Genossen, war nun im Herrensaal kein Platz mehr. Höchstens daß sie dem Burggesinde mit ihrer Kunst aufwarten durften. Im übrigen sahen sie sich fast durchaus auf ein bäuerliches Publikum angewiesen und in der kalten Jahreszeit genötigt, an das mitleidige Herz bald dieses bald jenes dörflichen Hauswirts zu appellieren.

Eine eigentliche Konkurrenz aber erwuchs den fahrenden Spielleuten erst aus denjenigen dichtenden Rittern, die, entweder durch die neue Forderung höfischer Bildung zur Entdeckung des eigenen starken und nun mächtig hervorbrechenden poetischen oder musikalischen Talentes geführt oder aber als die mit Glücksgütern meist nicht eben reichlich bedachten jüngeren Söhne aus adeligem Hause zur Ausnutzung auch einer weniger kräftigen und ursprünglichen Begabung gedrängt oder durch irgend einen anderen Umstand veranlaßt, das Leben des Ritters mit dem des fahrenden Mannes vertauschten. Anstatt ihre Sache dem Schwerte anheimzustellen, Fehden und Kämpfen nachziehend oder mit dem Roß in mancherlei Ritterspielen tummelnd — auch als Wegelagerer und Räuber trieben viele der unbemittelten oder verarmten Adligen ihr Wesen —, gab es nun manche, die mit der Laute in der Hand von einem Fürstenhof zum andern zogen, sich ebenso wie die eigentlichen Spielleute nach einem möglichst freigiebigen Herrn und für die Winterszeit nach einem warmen Unterschlupf umsehend. Sie bilden in dieser Zeit gewissermaßen die erste Rangstufe oder die erste Klasse der fahrenden Spielleute und durften schon aus diesem Grunde hier nicht mit Stillschweigen übergangen werden, wenn sie selbst

Abb. 21. Ritterliche Gesellschaft in einem Garten, der Spielleute aufspielen. Kpfr. (genannt die Lebensstunde) von Mair von Landshut 1499. Berlin, Kupferstichkabinet. B. 10.

sich auch ohne Zweifel auf das entschiedenste dagegen würden verwahrt haben, zur Menge der Fahrenden, zum „gernden diet" (Volk der Begehrenden), und sei es auch als dessen vornehmste Klasse, gezählt zu werden. Wie ihre Standesgenossen über solche ritterlichen Sänger von Beruf dachten, läßt sich nur schwer oder überhaupt nicht erkennen, da Urteile über sie, die nicht ebenfalls wieder von berufsmäßigen Dichtern und Sängern ausgingen, kaum auf uns gekommen sind. In einzelnen Fällen wird vermutlich der hohe Ruhm, den sich einige dieser fahrenden Ritter, allen voran Herr Walther von der Vogelweide, durch ihre Lieder erwarben, ihre Standesgenossen mit ihrem Berufe ausgesöhnt haben; im allgemeinen aber werden wir wohl ein mehr oder minder ablehnendes Verhalten der meisten Adligen gegen ihren sich zum fahrenden Sänger erniedrigenden Genossen voraussetzen dürfen.

Eben durch diese Dichter aber, die teilweise sogar, wie wir gesehen haben, auf die Lieder und Weisen des Volkes zurückgingen, ward nun der enge Kreis der speziellen höfischen Minnelyrik mit einem Mal mächtig erweitert, durch ihre Kraft der Minnesang überhaupt erst zu seiner Blüte geführt und zu der bedeutsamen Erscheinung, zu jenem köstlichen Edelsteine umgeschaffen, als der er in der deutschen Litteraturgeschichte glänzt.

Und auch jenen volksmäßigen Dichtungen, in denen die alten Heldensagen allerdings in sehr veränderter, oft schwer erkennbarer Gestalt fortlebten, war inzwischen das höfische Epos rivalisierend gegenübergetreten, das seine Stoffe der romanisierenden Zeitrichtung entsprechend größtenteils dem bretonischen oder auch dem antiken Sagenkreise entlehnte und zumeist mit größerer oder geringerer Freiheit französische Vorlagen benutzte. Für Deutschland steht Heinrich von Veldeke mit seiner Eneide am Anfang dieser Entwicklung. Wolfram von Eschenbach und Gottfried von Straßburg bezeichnen ihren glanzvollen Höhepunkt.

Es konnte nicht fehlen, daß auch auf diesem Felde, wie in ihrer volkstümlichen lyrischen Produktion, die fahrenden Spielleute eine Niederlage erleiden oder doch ganz ins Hintertreffen gedrängt werden mußten, um so mehr, als zugleich mit den langen höfischen Epen voll fortschreitender Handlung in den Kreisen der Vornehmen das Vorlesen an Stelle der freien Recitation trat. Diese, im Notfall wohl auch durch Improvisation unterstützt, war die hauptsächlichste Vortragsart der in kurzen Reimpaaren abgefaßten Heldengedichte der Spielleute gewesen. Daneben hatten wohl strophische Lieder, die gesungen wurden und von deren Art unsere Mordgeschichts- und sonstigen Bänkelsängerlieder späte Abkömmlinge sind, die gleichen Stoffe in größerer Kürze behandelt. Aufgezeichnet aber waren alle diese Gedichte bis dahin kaum worden, so wenig wie die von Mund zu Mund getragenen lyrischen Volkslieder, und noch ferner hatte es den Spielleuten gelegen, etwa die einzelnen zusammengehörigen Stücke oder Gesänge zu einem größeren Ganzen zu verbinden. Waren doch weitaus die meisten dieser Fahrenden überhaupt sowohl des Lesens wie des Schreibens unkundig. Erst seit dem Aufkommen und der rasch zunehmenden Beliebtheit der höfischen Epen scheinen sie mehr durch den Zwang der Umstände als aus innerer Nötigung hie und da für Aufzeichnung und Sammlung auch der volksmäßigen Heldengedichte Sorge getragen zu haben, und dem gleichen Bestreben, dem höfischen Epos die Spitze zu bieten, verdanken auch die sogenannten Spielmannsepen, die aus den verschiedenen in Umlauf befindlichen Gedichten über König Rother, über Orendel u. s. f. zusammengestoppelt wurden und nun auch, wie es die neue welsche Sitte verlangte, vorgelesen werden mochten, ihre Entstehung. Aber mit Erzeugnissen solcher Art, voller Mängel in Komposition, Versbau und Sprache, voller Derbheiten, Abgeschmacktheiten und Wiederholungen, waren bei der höfischen Gesellschaft des 13. Jahrhunderts keine Lorbeern zu ernten. Auch ihre Recitatoren und Sänger sahen sich mehr und mehr auf die niedrigeren Kreise der Bevölkerung beschränkt. Völlig abgewandt hat sich dennoch das vornehme Publikum von den nationalen Stoffen auch in dieser Zeit wohl nicht — dazu wurzelten doch die reckenhaften Gestalten eines Dietrich von Bern, Hildebrant, Hagen und so vieler anderer, Siegfrieds strahlende Schönheit und sein und Kriemhildens tragisches Geschick zu tief in dem Herzen und in der Liebe der ganzen Nation —;

Abb. 22. Gaukler mit einer Gruppe von Zuschauern vor einer Mühle. Holzschnitt aus dem um 1470 entstandenen Blockbuch „Wirkung der Planeten". Berlin, Kupferstichkabinet. (Unicum.)

Abb. 23. Blinde Bettler. Kpfr. von Lucas von Leyden.
16. Jahrhundert. Berlin, Kupferstichkabinet. B. 143.

und schon gegen das Ende des Jahrhunderts trat gegen die in Übertreibung, Spielerei und Manier verfallenden Nachahmungen der großen Meister des höfischen Epos eine Reaktion zu Gunsten der nationalen Stoffe und der derberen und kräftigeren Ausdrucksweise ein, an der freilich das allmählich erstarkende Bürgertum, das in der folgenden Epoche die Ritter in der Pflege der Dichtkunst ablöst, bereits seinen Anteil haben mag.

Musik, Gesang und epischer Vortrag also war es, was von den Spielleuten vor allem verlangt wurde. Dabei war auch ein gewöhnlicheres Publikum in Bezug auf Menge und Vielseitigkeit des Gebotenen und hinsichtlich der Stoffwahl häufig anspruchsvoll und nicht leicht zu befriedigen. Charakteristisch dafür ist der Anfang eines Gedichts des Marner, der im zweiten Drittel des 13. Jahrhunderts dichtete und vielleicht identisch ist mit dem „Marner, manches Warner", von dem ein anderer fahrender Sänger, Rumesland, später berichtet, daß er als „armer, schwacher, blinder alter Mann" schändlich erschlagen worden sei. „Sing ich den Leuten meine Lieder", klagt der Marner, „so will der eine von Dietrich von Bern hören, der andere vom König Rother, der dritte von der Reußen Schlacht, der vierte von Eckharts Kampfesnot, der fünfte von Kriemhildens Verrat. Der sechste vernähme lieber vom Untergange des Wilzenvolkes; von Heime und Wittige will der siebente hören, oder auch von Herrn Siegfrieds oder Eckes Tod. Der achte will nichts als höfischen Minnesang, der neunte langweilt sich bei alle dem, der zehnte weiß selbst nicht, was er will: nū sust nū sō, nū dan nū dar, nū hin nū her, nū dort nū hie. Dabei hätte mancher gern der Nibelungen Hort; auf Erwerb geht sein ganzes Sinnen und Trachten, die Worte des Sängers gelten ihm nichts; er hört sie überhaupt nicht, überhört sie völlig, da es sich ja nicht um ein königliches Edikt dabei handelt."

Dieses Gedicht, das ich hier einiger bildlicher Ausdrücke entkleidet in Prosa wiedergegeben habe, damit es verständlicher wird, lehrt uns also das Repertoire eines fahrenden Spielmanns einigermaßen kennen. Ob der Marner die darin aufgezählten Stoffe selbst alle beherrscht habe, geht zwar nicht mit Sicherheit daraus hervor; daß er aber nur damit habe sagen wollen: man will von meinen Liedern — d. h. denjenigen, bei denen er Wort und Weise selbst gefunden hat und die uns, wenn auch wohl nur zum Teil, noch heute als seine Werke vorliegen — nichts wissen, glaube ich nicht. Für ein Publikum, wie er es hier vor Augen hat, wird er gewiß auch mit der alten Heldensage haben aufwarten können. Die eigenen Lieder waren wohl vornehmlich zum Vortrage in höfischen Kreisen bestimmt, für die ihm dann auch, wie wir aus anderen Gedichten schließen dürfen, die Kenntnis der Sagen um König Artus und den Gral, des im Mittelalter so beliebten Physiologus u. a. m. zu Gebote stand.

Andere Spielleute freilich verfügten nicht über ein so ausgedehntes Wissen, und insbesondere werden diejenigen, die weniger durch ein ausgesprochenes Talent als durch ein körperliches Gebrechen, vor allem Blindheit, zum Beruf des fahrenden Sängers getrieben worden waren, ungleich weniger Töne auf ihrer Leier gehabt haben. Blindgeborene waren in jenen frühen Jahrhunderten noch viel zahlreicher als heutzutage, was vermutlich mit dem niedrigen Stand der Geburtshilfe während des Mittelalters zusammenhängt. Aus unbemittelten Blinden aber haben sich — schon im vorigen Abschnitt ist davon die Rede gewesen und auch in den folgenden Abschnitten dieses Buches werden wir ihnen noch verschiedentlich begegnen — zu allen Zeiten namentlich die geringen Gassensänger, die eigentlichen Bänkelsänger, rekrutiert, und auch die mittelalterlichen Quellen sind reich an Zeugnissen dafür. „So singen uns die Blinden, daß Siegfried hürnen wäre", lesen wir in dem großen Titurelgedicht, das Albrecht von Scharffenberg in der zweiten Hälfte des 13. Jahrhunderts verfaßte; und Hermann von Fritzlar meint von den Zeichen und Wundern, die St. Nikolaus gethan, nichts weiter sagen zu brauchen, „denn die Wände sind davon voll gemalt und die Blinden singen sie auf den Straßen". Durch diese beiden Zitate wird zugleich der Stoffkreis angedeutet, in dem sich die Lieder der Blinden vornehmlich bewegten: die deutsche Heldensage und die religiöse Dichtung, insbesondere Heiligenlegenden, die das Gottwohlgefällige mit dem Amüsanten verbanden. Von dem Können dieser Armen, die sich mit den eigentlichen Bettlern bereits nahe berühren, bis zu der Kunst eines Marner oder gar seines Meisters Walther von der Vogelweide, welch ein Abstand! Und von jenem zu dieser eine lange Stufenreihe, das Publikum in allen Schattierungen, das mittelalterliche Leben kennt, und die verschiedensten Grade des Ansehens, oder besser der Bedeutung und des daraus entspringenden Respekts, und der Beliebtheit.

Doch mit den bisher behandelten Kunstübungen erschöpft sich die Thätigkeit der fahrenden Spielleute noch keineswegs. Ich habe ihre Bethätigung in Musik und Dichtkunst nur deswegen an den Anfang unserer Betrachtung gestellt, weil ganz wesentlich und beinahe ausschließlich aus ihr die Bedeutung der Spielleute für die deutsche Kulturgeschichte resultiert. Sie ist wahrlich nicht niedrig zu veranschlagen, wenn man die Förderung bedenkt, die den genannten Künsten durch das Talent so manches fahrenden Sängers zu Teil geworden ist, wenn man sich gegenwärtig hält, wie eigentlich diese Leute es gewesen sind, die trotz zahlreicher Anfeindungen und Gegenströmungen in der Pflege des Volksliedes wie der alten Heldensage treu ausgeharrt haben, und wenn man erwägt, ein wie hervorragendes ethisches Moment diesen Litteraturgattungen — man denke beispielsweise auch an Freidank, der ebenfalls nur ein Fahrender war — gerade in den rauhen Zeiten des Mittelalters für unser Volksleben, für die deutsche Volksseele, innewohnen mußte.

Daß von den höfischen Spielleuten eine hohe

Abb. 24. Blinder Bettler. Holzschnitt eines unbekannten Meisters aus der niederländischen Schule. (Christoph Jegder.) 17. Jahrhundert. Berlin, Kupferstichkabinet.

Abb. 25. Gaukler. Holzschnitt aus: Petrarca, Trostspiegel. Augsburg, Stepner, 1539.

Bildung verlangt wurde, haben wir an dem Beispiel aus Gottfrieds Tristan zur Genüge gesehen. Die Erziehung junger Fürstentöchter lag ihnen allerdings wohl nur in seltenen Ausnahmefällen ob. Dagegen waren sie namentlich bei allen festlichen Gelegenheiten nahezu unentbehrlich, und je mehr ein hoher Herr Lust und Scherz und rauschende Feste liebte, um so mehr war er darauf bedacht, eine Schar dieser Frohsinn spendenden Gesellen länger an seinen Hof zu fesseln. Manche Vornehme hielten sich ganze Musikkapellen. Aber auch sonst hatten die Fahrenden für die Unterhaltung und Belustigung des Wirts und seiner Gäste zu sorgen, in der Anordnung der Festlichkeiten und der geselligen Spiele, deren Erfindung man wohl zumeist auf sie zurückführen darf, immer neue Abwechslung zu schaffen. Kunstfertigkeit und Verstand, Phantasie und Witz der Spielleute durften im Dienste des Herrn, der sie geworben, selten feiern. Viele derselben waren daher nicht nur Meister auf mehreren Instrumenten und in der Poesie vollkommen zu Hause, sondern verstanden sich auch auf akrobatische und gymnastische Künste aller Art, auf possenhafte theatralische Vorführungen und manche andere Dinge mehr, womit sie um die Wette die vornehme Gesellschaft zu belustigen und zu erheitern bestrebt waren. So hören wir von Erzbischof Wichmann von Magdeburg, daß er das Volk der Spielleute ausnehmend begünstigt habe und ihm ihre Gegenwart sehr ergötzlich und angenehm gewesen sei. Auch Erzbischof Adalbert von Bremen, der zwar die den gemeinen Haufen ergötzenden Gaukeleien der Mimen verabscheute, lieh doch, wie uns Adam von Bremen berichtet, den Vorspiegelungen der Wahrsager, Stern- und Traumdeuter ein williges Ohr und ließ sogar bisweilen Flötenbläser zu sich kommen, damit sie ihm mit ihrer Kunst die quälenden Sorgen erleichterten, die schweren Gedanken vertrieben. Trotz aller Verachtung weltlicher Lust, wie sie die Kirche empfahl, ja forderte, und trotz der wesentlich dadurch bedingten Verachtung gegen den ganzen Stand der Spielleute, hat eben doch keine Zeit dieser Bringer der Freude, um mit den alten Angelsachsen zu reden, entraten können. Im 12. Jahrhundert war Kaiser Friedrichs I. Kanzler Reinald von Dassel einer der hervorragendsten Gönner der Spielleute und ob seiner Freigebig-

II, 1, e. Narren. Zwerge 33

Abb. 26. Taschenspieler. Holzschnitt aus: Petrarca, Trostspiegel. Augsburg, Stepner, 1539.

keit bei dem Völklein der Fahrenden weit und breit berühmt. Wir werden später sehen, wie sich auch der Archipoeta, der bedeutendste und bekannteste unter den lateinisch dichtenden fahrenden Klerikern, längere Zeit in seinem Gefolge befunden hat.

Wenn Spielleute im Hofdienste der großen geistlichen Würdenträger demnach nichts Seltenes waren, bedarf es kaum noch besonderer Erwähnung, daß uns auch von vielen der weltlichen Großen jener Zeit die gleiche Liebhaberei bezeugt ist. Kaiser Friedrich II. hielt zur Erheiterung seiner Gemahlin sarazenische Tänzerinnen, und von König Manfred wird berichtet, daß er eine ständige Musikkapelle unterhalten habe. Noch zahlreichere Belege für die immer mehr aufkommende Sitte ließen sich aus den höfischen Heldenepen beibringen. Wir dürfen darin die bis in die Karolingerzeit zurückzuverfolgenden Anfänge des Seßhaftwerdens bestimmter Gruppen von fahrenden Leuten, insbesondere von Musikanten, erblicken, das dann in der zweiten Hälfte des Mittelalters vor allem durch den Aufschwung, den das Städtewesen in dieser Zeit erfährt, immer mehr zunimmt; doch ist diese ganze Entwicklung auch heute noch nicht abgeschlossen.

Wirklich dauernd mit dem Leben des Hofes oder einer Ritterburg verbunden waren bis dahin vom Geschlechte der Spielleute nur die Narren und Zwerge, die uns frühzeitig unter dem Gesinde vornehmer Herren begegnen. Ihr Amt war gleichfalls, zur Belustigung beizutragen; doch durften sie sich im Vertrauen auf ihr Narrentum und ihre feste Stellung manchen Scherz, manch beißenden Witz erlauben, der ihren unsteten Brüdern von der Landstraße nicht ungestraft hingegangen wäre. Andererseits fehlt es freilich nicht an Beispielen, wo auch der Zwerg oder Hofnarr die ganze Verachtung, die man im Grunde gegen ihn und seinen Stand hegte, in bitterster Weise zu kosten bekam.

Wie wir bereits bei Tafel Musikanten und Gaukler in voller Aktion gesehen haben — für gewöhnlich hatten sie ihren Platz am Ende des Tisches gegenüber dem Hauskaplan — so begleiteten die Spielleute ihren Herrn auch auf seinen Reisen, seinen Fahrten an den Hof des Lehnsherrn, seinen Turnier- und Kriegszügen. Ebenso

3

war es üblich, den vornehmeren Gästen mit Musik eine Strecke Weges entgegenzureiten, und beim Ausrücken zur Schlacht, bei den Turnieren und sonstigen Hoffesten selbst mit ihren feierlichen Kirchgängen, ihren prächtigen Aufzügen und verschiedenartigen Ceremonien spielt überall namentlich die Musik wiederum eine große Rolle. Aber auch sonst bot sich den Spielleuten bei solchen Anlässen reichste Gelegenheit zu vielseitiger Bethätigung. Schon in den Tagen und besonders am letzten Abend vor einem Turnier ging es in und vor den Herbergen der nach Kampf und Ehre dürstenden Ritter hoch her, und die Spielleute aus den verschiedenen Gefolgschaften ließen wohl schon hier, durch die gewaltige Konkurrenz angespornt, alle ihre Künste spielen. Auch hörte man wohl bereits von heimlich Geworbenen Sprüche und Gesänge zum Preise eines bestimmten Herrn und seines Geschlechts, wenn dies auch im allgemeinen lediglich als eine Sache der in keinem Dienstverhältnis stehenden Fahrenden, die natürlich zu dergleichen Festen ebenfalls in großer Zahl zusammenzuströmen pflegten, betrachtet wurde. Der reichliche Lohn, den sie sich von den oft überschwänglich Gepriesenen und Verherrlichten versprachen und der ihnen auch in der Regel zuteil wurde — denn mit dem Lobe der Tugenden eines unbemittelten Ritters befaßte man sich nur ausnahmsweise — schuf hier eine besondere Klasse von fahrenden Leuten, deren Spezialität es war, den Turnieren und Ritterspielen nachzuziehen und bei denselben als Herolde oder Wappendichter, d. h. in erster Linie Erklärer der Wappen und ihrer Bilder — auch manche Wappensage verdankt wohl ihnen ihre Erfindung — mitzuwirken. Das Mittelalter nannte diese wappen- und turnierkundigen Fahrenden, die man als die Väter der Heraldik bezeichnen kann, „Kroijierer" oder „Krigierer", vom französischen crier, also die Rufer oder Schreier im Streit. Sie kündigten schon den mit großem Gepränge zum Turnier Heranziehenden mit hellen Rufen an. „Von Braunschweig der Sachsen Vogt, der kommt so herrlich hergezogen, daß hoch in Würden schwebt sein Lob", rufen die Kroijierer im Reinfried von Braunschweig beim Nahen des Helden. Manche folgen auch dem Zuge eines Fürsten von weit her, um, wenn man sich dem Bestimmungsorte nähert, vorauszueilen und den Ruhm des neuen Ankömmlings in vollen Tönen zu preisen. Mit König Gailet kommen im „Jüngeren Titurel" auch Kroijierer mit aus Spanien zum Buhurt. Und wenn am festgesetzten Tage die wohlgerüsteten Ritter unter dem Vorantritt ihrer zum Waffengang aufspielenden Spielleute, Trommler, Pfeifer und Posaunenbläser, mit ihrem Gefolge von Knappen und Mannen zum Turnierplatz zogen, dann liefen wieder Kroijierer vor ihnen her, den viel edlen, ehrenreichen Herren mit Geschrei einen Weg durch die gaffende Volksmenge bereitend. Andere empfingen sie bei den Schranken mit lautem Zuruf: „und Ehre über Ehre riefen die Kroijierer allesamt", und begleiteten jeden Sieg weitberühmter Helden mit Jubel und Lobeserhebungen oder suchten auch wohl unbekanntere Kämpfer durch ein „wichâ, herre, wiche" davon abzuhalten, sich gegen einen solchen erprobten Degen in die Schranken zu wagen. Als Lohn überließ ihnen der siegreiche Ritter nicht selten das Roß, zuweilen auch die Rüstung des unterliegenden, die nach Turnierrecht in seine Hände fielen, und da größere Ritterspiele dieser Art sich meist über mehrere Tage erstreckten, so trugen die Kroijierer oft eine ansehnliche Beute davon und hätten, von Turnier zu Turnier ziehend, gewiß zu nicht geringem Wohlstand gelangen können, wenn sich nicht damals schon die alte Erfahrung bewahrheitet hätte, daß ein rascher Gewinnst oder Verdienst in der Regel nur ein kurzes Leben habe. Würfel und Karten und besonders die Kehle und der Bauch waren böse Feinde des also schnell Erworbenen.

Häufig bildeten solche Kampfspiele, Tjostieren und Buhurdieren, nur einen Akt in der langen Reihe glänzender Festlichkeiten, mit denen die frohen Ereignisse innerhalb fürstlicher Familien, Geburt und Taufe der Kinder, Schwertleite der herangewachsenen Söhne, Vermählung eines Mitgliedes des fürstlichen Hauses, gefeiert wurden. Namentlich die Hochzeiten der Großen — das Wort in unserem Sinne verstanden, denn im hohen Mittelalter bedeutet hôchgezît, höchzit zunächst nur festliche Zeit, Festlichkeit im allgemeinen — wurden vielfach mit einem Pomp und einem Aufwand begangen, von dem unsere obwohl so ge-

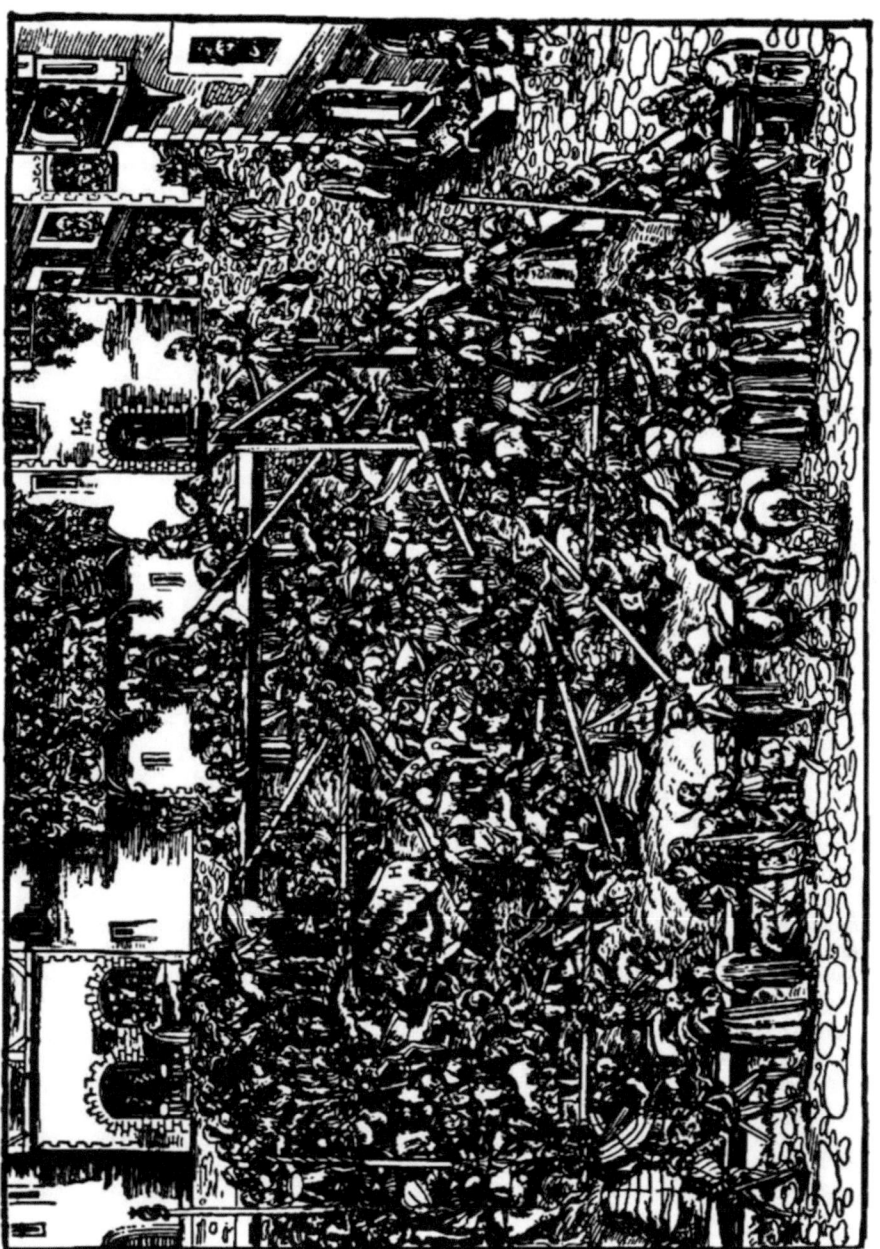

Abb. 27. Ritterliches Turnier, zur linken Seite auf Pferden die Musikanten. 1506. Holzschnitt von Lucas Cranach. B. 124.

Abb. 28. Jahrmarktsbude im 15. Jahrhundert. Nach einer deutschen Bilderhandschrift vom Jahre 1441. Nürnberg, Germanisches Museum.

nußsüchtige Zeit doch weit entfernt ist. Wochen- ja monatelang jagten sich oft Tag für Tag neue Feste, und man kann sich denken, welch weites Feld der Thätigkeit sich dabei den Spielleuten eröffnete. Und nicht nur die höfischen Spielleute im Dienste desjenigen vornehmen Herrn, der die Hochzeit richtete, bekamen alsdann alle Hände voll zu thun, sondern weithin im Lande verkündeten Boten das bevorstehende Fest und luden alle dazu, die mit ihrer Kunst die Festesfreude zu erhöhen vermöchten, Lust und Lachen bringen könnten. So schiebt sogar Albrecht von Halberstadt, der bei seiner Bearbeitung von Ovids Metamorphosen, nach den erhaltenen Bruchstücken zu schließen, dem Original meist getreulich gefolgt ist, bei der Beschreibung von Perseus' Hochzeit doch einen kurzen Abschnitt ein, worin der Spielleute und ihrer mannigfachen Künste gedacht wird. Und wie zu einer großen Vermählungsfeier, an der sich die ganze Bevölkerung der Umgegend zu beteiligen pflegte, strömten auch zu allen anderen, den höfischen sowohl wie den kirchlichen und den eigentlichen Volksfesten, den Jahrmärkten und Messen, die fahrenden Leute in hellen Haufen herbei. Bei den prächtigen, zumeist mit Ritterspielen verbundenen Hoffesten oder bei den Reichstagen, von denen man wußte, daß sich zu ihnen viele reiche und mächtige Herren einfinden würden, war der Zudrang dieser Massen so gewaltig und die Belästigung der vornehmen Gäste durch sie, die, ihre Künste produzierend und Gaben heischend, alle Herbergen umlagerten, so arg, daß frühzeitig Bestimmungen zu ihrer Beschränkung getroffen wurden. Voran ging mit solchen Maßregeln, so weit wir sehen, Worms, indem es 1220 jeden Wirt, der das lose Volk der Spielleute gegen den Willen seiner Gäste einließ, mit einer Geldstrafe von 30 Solidis belegte. Es folgten mit ähnlichen Bestimmungen die baierische Landesordnung und andere Rechtskodifikationen. Der Spielmann, der sich nicht fügen wollte, ging außerdem seines Instruments verlustig oder wurde gefänglich eingezogen. Ein solches Einschreiten muß uns nur zu berechtigt erscheinen, wenn wir von der Zahl hören, in der sich die Spielleute — Bettler und anderes Gesindel noch garnicht gerechnet — bei wichtigeren Anlässen einzustellen pflegten. Allerdings lassen sich ja die Angaben, die uns gleichzeitige Schriftsteller hierüber gelegentlich machen, in keiner Weise auf ihre Richtigkeit hin prüfen, und namentlich die einschlägigen Stellen aus poetischen Werken sind nur mit allem Vorbehalt und unter Berücksichtigung poetischer Übertreibung aufzunehmen. Dennoch ist es bezeichnend, daß beispielsweise der Stricker in seinem Epos Daniel von Blumenthal von einem Fest berichtet, bei dem 300 welsche Geiger, 6000 Spielleute, 2000 Harfner und 20000 Sänger beteiligt gewesen seien. Mehr Glaubwürdigkeit besitzen naturgemäß die historischen Quellen, unter denen etwa der Limburger Chronist zum Jahre 1397 meldet, daß zu dem Reichstage zu Frankfurt im Mai dieses Jahres fünftehalb hundert fahrender Leute zusammengeströmt seien.

Sehen wir uns nun diese bunte Menge, die in gleicher Zusammensetzung auch die bäuerlichen

Feste belebte oder den Heerhaufen, wie namentlich den Heeren der Kreuzfahrer, folgte, kurz überall da sich einfand, wo sie bei größeren Menschenansammlungen ihre Rechnung finden zu können vermeinte, etwas näher an, so stellten auch unter diesen unhöfischen Spielleuten, Gauklern, Fatzmännern oder wie sie sonst genannt werden, das Hauptkontingent die Musikanten, die häufig zugleich als Sänger, "Sprecher" oder auch als Akrobaten thätig waren. Auf letzterem Gebiete verstanden sich die Artisten von damals zuweilen bereits auf Tricks, denen selbst ihre sich gegenseitig in halsbrecherischen Schwierigkeiten überbietenden Kollegen von heute das Prädikat "erstklassig" hätten zugestehen müssen. So ließ sich — allerdings schweifen wir damit wieder auf französischen Boden hinüber — bei Gelegenheit der Vermählung Roberts, des Bruders des französischen Königs Ludwigs IX., des Heiligen, mit Mathilde, der Tochter des Herzogs von Brabant, zu Compiègne am 14. Juni 1237 unter anderen ein Künstler sehen, der zu Roß auf einem durch die Luft gespannten Seile ritt. Daneben gab es Jongleure der verschiedensten Art. Andere haben Taschenspielerkunststücke zu ihrer Spezialität gemacht. Diese schildert uns Walther einmal in einer Strophe, in der er die wankelmütigen und wortbrüchigen Herren mit ihnen vergleicht. Der Gaukler spricht: "Sieh her, was ist wohl unter diesem Hute? Nun nimm den Hut auf", sagt Walther, "so ist ein Falke drunter mit wildem Mute. Nun nimm ihn wieder auf, so steht ein stolzer Pfau darunter. Nun abermals, so ist es gar ein Meerwunder. Wie oft und verheißungsvoll es sich aber auch verändert, übrig bleibt schließlich doch nur eine armselige Krähe."

Auch Puppenspiele und andere possenhafte dramatische Vorführungen erfreuten sich fortgesetzt großer Beliebtheit, namentlich bei dem geringeren Publikum. Ja die Figur des Teufels, wie sie uns in den geistlichen Spielen des Mittelalters entgegentritt, dürfen wir geradezu als eine Schöpfung der Spielleute betrachten. Bald werden unter dem gleichen Einfluß in diesen Mysterien außer den Teufelsszenen auch andere Vorgänge possenhaft ausgestaltet, entwickelt sich etwa der kurze Bericht in der heiligen Schrift, daß die heiligen Frauen Spezereien und Salben bereitet hätten, um den Leichnam des Herrn damit zu salben, zu einer längeren, im Ton der Würde des Gegenstandes nur wenig angemessenen Szene zwischen den heiligen Frauen und dem wandernden Krämer, von dem sie ihre Spezereien und Salben kaufen. Es ist bekannt, daß solche frühzeitig in den heiligen Hergang eingeschmuggelten Auftritte der Keim gewesen sind, aus dem sich nachmals ein weltliches Drama, speziell das deutsche Lustspiel, entwickelt hat, das somit den Spielleuten und der Beliebtheit ihrer Narrenspossen seine Entstehung, seinen Eintritt in die Litteratur verdankt.

Abb. 29. Gaukler vor einer Bude. Im Hintergrunde allerlei Leben und Treiben. 15. Jahrhundert. Nach einer Federzeichnung aus dem Hausbuch des Fürsten Waldburg-Wolfegg.

38 II, 1, c. Kraftmenschen, Fechter, Tänzer u. s. m.

Die Bern dreyberin.

Den Bern kan ich machen dantzen
Mit wunder seltzamen kreinantzen
Bald ich im den ring pring int nasen
So für ich in mit mir all strassen
Vnd mach mit im mein affen spil
Er muß mir dantzen wie ich wil
Ich kan in maisterlichen treiben
Das es mir muß verschwigen bleyben
Niemandt wissen dann yederman
Wie wol ich böß nachpauren han
Die mich offt vberlaut anschreyen
Doch kan ich mich seinnit verzeyhen
Der Berendantz mir gütlich thüt
Ich hab darbey offt güttenmüt
Macht mir mein suppen fayßt vnd güt

Der Ber spricht.

Ich armer ber wes zeich ich mich
Das ich also las treiben mich
Ich muß mein dantz mir selber pfeiffen
Man thüt mir offt inn wollen greiffen
Lupft vnd zupft mich vber tag wol
Ich müß es alles füllen vol
Die plüebin vnd die cuplerin
Dar mit so get mein geleich hin
Also gee ich vmb in der piumbo
Wen ich nuu auß dantz vnd verhumbs
Vnd worden ist mein peütel ler
Wirt sich schabab vnd gar vnmer
Vnd wirt zum dantzen nimer daugen
Den wirt mich peissen d rauch inn augen
Vnd muß darnach an klaen saugen

Anthony Holtzschneyder.

Abb. 30. Bärenführerin. Augsburger Flugblatt aus dem 16. Jahrhundert. Gotha, Kupferstichkabinet.

Kraftmenschen, Ringer und Fechter aller Art — schon im Althochdeutschen begegnen die Ausdrücke: füstkempho, knuttilkempho und swertkempho, und es ist vielleicht sogar anzunehmen, daß der Austrag der gerichtlichen Zweikämpfe in der Regel solchen Berufsfechtern oblag (vgl. Schaer, Die altdeutschen Fechter und Spielleute, S. 18 ff.) — Tänzer, Feuerfresser oder „solche, die Steine zerkauen konnten", finden wir gleichfalls verschiedentlich in den mittelalterlichen Quellen erwähnt, sowie besonders häufig Gaukler, die mit wilden oder dressierten Tieren im Lande umherzogen, sich wohl selbst mit ihnen herumrauften („Katzenritter") oder Bären und Hunde tanzen, Böcke und Pferde zusammen kämpfen, Meerkatzen und Affen reiten ließen, dressierte Pferde oder sprechende Vögel u. s. w. vorführten. So wird einmal von Albrecht von Scharffenberg die Heidenschaft mit behenden, kunstreichen Affen und Affinnen, abgerichteten Hunden und mit Vögeln, die „etwa dem deutschen gleich reden" können, verglichen. Ebenso, meint der Dichter, besitzen zwar auch die Heiden „aller Künste Hort", sind aber dabei dennoch aller Einsicht und des Verstandes bar („ân aller witze kreste"). Der Verfasser des Karl meinet, jenes umfangreichen Gedichts, in dem alle Sagen von Karl dem Großen zu einem ungefügen Ganzen verarbeitet sind, schildert bei Gelegenheit prächtiger Hoffeste, die Karl veranstaltet, auch die buntscheckige Menge von mehr denn 400 „Minstrels oder wie wir sagen Spielleuten", die sich dazu einfindet. Die Stelle, der bereits oben mehrere Angaben entnommen wurden, beginnt mit einer Aufzählung der verschiedenartigen Musikanten und Akrobaten und führt zum Schluß diejenigen Gaukler an, die das Schlagen der Nachtigall oder den Gesang anderer Vögel nachahmen

II, 1, o. Vorführung abgerichteter oder wilder Tiere   39

Nach Christus gepart. 1513. Jar. Adi. 1. May. Hat man dem großmechtigen Kunig von Portugall Emanuell gen Lysabona pracht auß Jndia ein sollich lebendig Thier. Das nennen sie Rhinocerus. Das ist hye mit aller seiner gestalt Abconterfect. Es hat ein farb wie ein gesprenckelte Schildkrot. Vnd ist von dicken Schalen vberlegt fast fest. Vnd ist in der grösz als der Helffandt Aber nydertrechtiger von paynen/vnd fast werhafftig. Es hat ein scharff starck Horn vorn auff der nasen/Das begyndt es albeg zu wetzen wo es bey staynen ist. Das dosig Thier ist des Helffandts todt feyndt. Der Helffandt furcht es fast vbel/dann wo es Jn ankumbt/so laufft Jm das Thier mit dem kopff zwischen dye fordern payn/vnd reyst den Helffandt vnden am pauch auff vnd erwürgt Jn/des mag es sich nit erwern. Dann das Thier ist also gewapent/das Jm der Helffandt nichts kan thun. Sie sagen auch das der Rhynocerus Schnell/Fraydig vnd Listig sey.

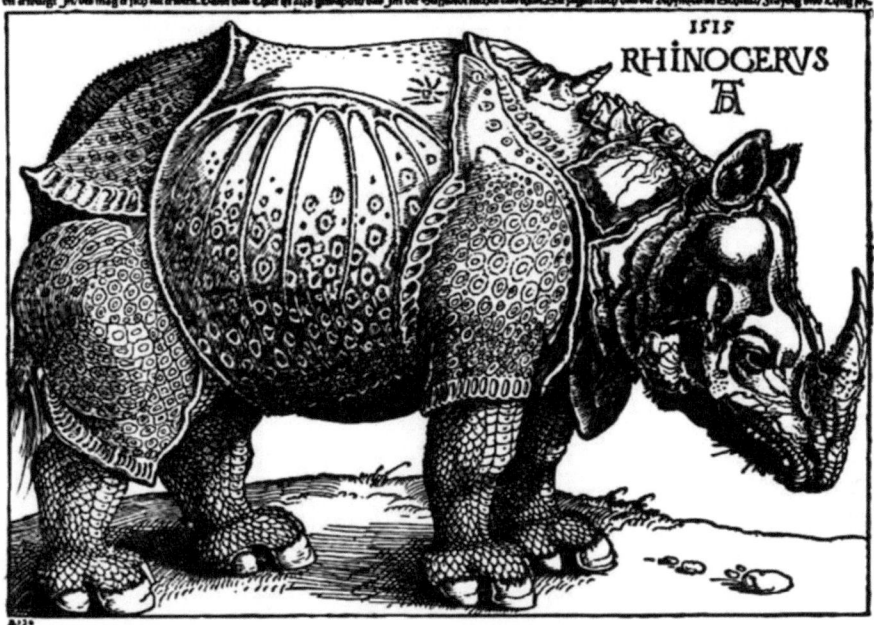

Abb. 31. Abbildung eines Rhinozeros. Holzschnitt von A. Dürer. 1515. Berlin, Kupferstichkabinet. B. 136.

oder wie die Rehe pfeifen und wie ein Pfau schreien konnten. „Doch was soll ich hier davon noch viel sagen?" heißt es weiter, „es kam mit anderer Kunstfertigkeit dahin noch manch lustiger Kumpan. Ich kann sie hier nicht alle aufzählen. Sehr willkommen aber, das kann ich euch versichern, waren sie alle." Es giebt also wohl kaum eine der sogenannten brotlosen Künste, die damals von den fahrenden Spielleuten nicht schon geübt worden wäre.

Einen wichtigen Bestandteil unseres heutigen Jahrmarktstreibens vermissen wir indessen noch lange, nämlich die Menagerien, die erst spät, mit dem sich mehr und mehr entwickelnden Weltverkehr allmählich aufkommen. Auch einzelne fremdländische Tiere scheinen im hohen Mittelalter noch äußerst selten nach Deutschland gebracht worden zu sein. Zwar berichtet schon Einhard, daß Karl der Große 802 vom Könige von Persien einen Elefanten zum Geschenk erhalten habe, und ebenso schenkte 1228 der Sultan dem Kaiser Friedrich II. einen Elefanten, zwar kam derselbe Kaiser 1235 nach Kolmar mit einer Menge von Kamelen, und wir wissen vom Landgraf Hermann von Thüringen, daß er sich auf der Wartburg einen Löwen hielt, u. s. f.: aber außer in fürstlichem Besitz, lediglich zum Zweck der Schaustellung begegnet uns in dieser Epoche noch keins jener Tiere, deren Besitz auch für die armen Schlucker von Fahrenden zumeist viel zu kostbar und zu kostspielig gewesen sein würde. Dafür aber erzählten die, welche etwa mit den Kreuzfahrern im fernen Orient gewesen waren, ihren gespannt lauschenden Zuhörern wunderbare Abenteuer mit noch viel schrecklicheren Ungeheuern, mit Drachen und Greifen und Riesen, oder was sonst eine durch die fremde Pracht des Morgenlandes erhitzte Phantasie sich ausgesonnen hatte. Dazwischen ertönten im Getriebe des Volks-

Abb. 32. Spielleute bei einer königlichen Tafel. Holzschnitt aus Vergil. Straßburg, Grüninger, 1498.

festes die Weisen des blinden Bänkelsängers, der vom Helden Siegfried, vom großen Kaiser Karl oder vom Herzog Ernst sang, priesen Verkäufer ihre Waren an, rief der Quacksalber seine Allheilmittel aus, spekulierten Bettler aller Art auf die mitleidigen Herzen oder auch auf die unbehüteten Taschen ihrer Mitmenschen.

Übrigens scheint die Einnahme, die unsere Spielleute erzielten, insbesondere bei den großen und langdauernden Festlichkeiten zur Feier einer fürstlichen Vermählung manchmal nicht unbeträchtlich gewesen zu sein, wenn sich gewiß auch nur die wenigsten bei derartiger Gelegenheit einer solchen Gunst des Glückes, einer solchen „milte" d.h. Freigebigkeit von Seiten der Herren erfreuen durften, wie die Spielleute Etzels, Werbel und Swemmel, die auf Kriemhildens Hochzeit mehr denn tausend Mark verdienten. Allerdings liegt es hier wiederum nahe, eine poetische Übertreibung des den Spielleuten gespendeten Gutes anzunehmen, eine Übertreibung, die vermutlich selbst die Zutat eines fahrenden Sängers ist und vornehme und reiche Herren zur Nacheiferung anspornen sollte. Aber auch sonst sind uns Beispiele reicher Belohnung der Spielleute verschiedentlich bezeugt. So wird von König Heinrich V. berichtet, er habe bei seiner Vermählung im Jahre 1114 die von allen Seiten zum Fest herbeigeströmten Spielleute so überaus reichlich beschenkt, daß man es nicht beschreiben könne, und Markgraf Leopold I. von Österreich spendete einem Spielmann, der durch sein Saitenspiel des Markgrafen Herz in „süße Not" versetzt hatte, wie Jansen Enenkel in seinem Fürstenbuche schreibt, ein Pferd im Werte von 30 Mark, ein Schwert und prächtige Gewänder. Kleider und Rüstungs- oder Schmuckstücke waren wohl überhaupt die üblichsten Gaben an die Spielleute, unter denen die geringeren schon mit den getragenen und abgelegten Kleidern der Herren gar wohl zufrieden waren. In dem Spielmannsgedicht von dem „Graurock" Orendel schenkt der Held nach der Besiegung des Riesen Meutwein die kostbare Rüstung desselben den fahrenden Leuten, die dann nichts eiligeres zu thun haben, als Arm und Reich zu Gast zu laden und die willkommene Beute unter Lobpreisungen auf den freigiebigen Graurock zu vertrinken. Wir ersehen auch daraus wieder den Weg, den gemeiniglich aller Gewinnst der Fahrenden zu nehmen pflegte. Mit der Bitte um einen Trunk unterbrachen auch zumal die „gemeinen" Spielleute nicht selten ihren musikalischen Vortrag, ihre spannende Erzählung oder sonstige Vorführungen, und häufig kam es sogar vor, daß der vornehme Herr, zu dessen Feste sie erschienen waren, sie schließlich noch aus der Schenke, wo sie weit über ihre Mittel gelebt hatten und tief in die Kreide geraten waren, auszulösen sich veranlaßt sah.

Wie durch die Stelle aus dem Orendel-Gedicht gleichfalls bereits angedeutet wird, tönte aber auch das Lob des „milden" Herren und der Freigiebigkeit überhaupt mächtig und oft überschwänglich in ihren Liedern wieder, und das starke Betonen gerade dieser Tugend in mittelalterlichen Gedichten läßt vielfach mit ziemlicher Sicherheit darauf schließen, daß der Verfasser der Klasse der Spielleute angehörte. Schon Spervogel, ein fahrender Sänger des 12. Jahrhunderts, rühmt in seiner Klage um Herrn Werenhard von Steinsberg fast lediglich dessen milde Hand: „Hei, wie er gab und wie er lieh! Sobald er nur geboren war, begann er all' sein Gut zu teilen. So ist er wahrlich an Freigiebigkeit mit Rüdiger von Bechelaren zu vergleichen." In der Folgezeit werden die Farben immer dicker aufgetragen. Namentlich der schwulstige Albrecht von Scharffenberg leistet darin ein Erkleckliches. Mehrfach wird in seinem Gedicht, dem jüngeren Titurel, wie man es zum Unterschiede von Wolframs Werk zu nennen pflegt, der Fahrenden gedacht und wie bei den großen Festen und Aufzügen, deren Schilderung einen breiten Raum in dem langgesponnenen Epos einnimmt, niemand sich über kleine und geringe, „smæhe" Gabe zu beklagen gehabt habe; und von dem Fürsten von Tabrunit heißt es, daß der Ruf seiner außerordentlichen „miltikeit" so groß gewesen sei, daß, wer sich von Armut befreien und ein Genosse des Reichtums habe werden wollen, zu ihm gekommen sei; Tabrunit habe ihm dazu verholfen, denn „Gold und edle Steine, die misset er nicht anders als mit dem Schilde" — also etwa: scheffelweise.

Aber nicht alle Herren waren freigiebig, es gab auch karge. Am bekanntesten ist das Beispiel des strengen Heinrichs III., der die 1043 zu seiner Hochzeit zu Ingelheim erschienenen Spielleute samt und sonders ungespeist und unbeschenkt entließ. Manche Herren verschlossen den Fahrenden überhaupt ihre Thür, wie denn ein Spielmann, der „wilde Alexander", von einem kargen Ritter spottet, daß er vor den Spielleuten wie König Ermenrich vor dem zornigen Eckehard geflohen sei. Auch der Sparsamkeit Rudolphs von Habsburg wird von den fahrenden Sängern mehrfach und zuweilen in der anzüglichsten Weise gedacht. Unter diesen Zeugnissen ist noch am gemäßigtsten und zugleich wirkungsvollsten ein Spruch des Meisters Stolle, in dem dieser alle hohen Tugen-

Abb. 33. Ritterliches Paar mit folgendem Spielmann. Holzschnitt aus: Historie von Kaiser Karls Sohn Lothar. Straßburg, Grüninger, 1514.

den des Königs aufzählt, jedoch an jeden Satz das gleiche leidige Aber anhängt. „Der König von Rom der giebt halt nichts", so beginnt er, „und hat doch Königes Gut; doch giebt er nichts. Er hat ein wahres Taubengemüt und giebt doch nichts. Und keusch ist er, ganz makellos, nur giebt er nichts. Er minnet Gott und ehrt die reinen Frauen, aber hergeben thut er nichts. Fürwahr niemand wäre vollkommener als er, wenn er nur gäbe; und gar nichts übles kann man ihm nachsagen, nur daß er nichts giebt. Weise ist er und rein, doch das Geben ist seine schwache Seite. Er richtet wohl und giebt nichts her. Er liebt Ehre und Treue und giebt nichts. Ja, aller Tugenden ist er voll, nur giebt er leider niemandem etwas. Was soll ich noch mehr reden: er giebt eben nichts. Er ist ein Held, vortrefflich und von edler Sitte, nur geben thut er nichts der König Rudolph, was einer auch von ihm singen und sagen mag."

Überhaupt sind die Lieder der Fahrenden und besonders die Spielmannsepen, wie man sich denken kann, ebenso voll vom Tadel der Kargheit und Knauserei wie von unerschöpflichem Preise der Freigiebigkeit. Im Karlmeinet wird der Heidenkönig Agolant durch die beständigen Niederlagen, die er und die Seinen durch Karl den Großen erleidet, schließlich an seinem Glauben irre und kommt zu Karl ins Lager, um sich taufen zu lassen. Als er dort aber gewahr wird, wie wenig freigiebig die Armen behandelt werden, giebt er seinen schon gefaßten Entschluß wieder auf, entfernt sich aus dem Lager und rüstet von neuem zum Kampf. Ja zur Verunglimpfung des kargen Gebers war den Spielleuten nicht leicht irgend ein Mittel zu schlecht. Mit Hohn und Spott vornehmlich, aber auch mit Beschuldigungen und Verdächtigungen aller Art zogen sie gegen ihn zu Felde und schreckten, wie wir an dem Gedicht auf König Rudolph gesehen haben, vor offener Namensnennung nicht zurück. So ward es denn in jener Zeit, da die öffentliche Meinung durch die von Land zu Land ziehenden Spielleute fast ebenso wesentlich bestimmt wurde wie heutzutage durch die Presse, von den vornehmen Herren meist für das ratsamste gehalten, es mit den Fahrenden nicht zu verderben und ihren Zorn herauszufordern. Und die Spielleute, zumal die besseren, begabteren, waren sich der Macht, die sie durch ihr Wort ausübten, nur zu wohl bewußt. Dafür ist besonders charakteristisch ein kurzer Spruch des „Unverzagten", den ich einmal ausnahmsweise, da er leicht verständlich ist, in der Sprache des Originals hierhersetzen will:

> „Swen gernde liute gerne suochent, der ist êren riche;
> swen gernde liute schiuwent, der ist maniger tugende vrî.
> Swen gernde liute gerne ane sehent, der lebet gar wirdiklîche;
> swen gernde liute ungerne sehent, dem wonet schande bî.
> Swen gernde liute minnent, der ist gerne an triuwen staete (der ist gar treuer Art);
> swen gernde liute hazzent, seht, der pfiit (pflegt) vil valscher raete.
> Swen gernde liute prîsent, der ist saeliklîche geborn;
> swen gernde liute vluochent, der hât triuwe unde êre unz wirdikeit verlorn."

Und das gleiche, zuweilen fast krankhaft gesteigerte Selbstgefühl spricht auch aus der Art, wie sie selbst sich schildern und ihren Beruf aufgefaßt wissen möchten.

Daß sie Gut für Ehre nehmen, gestehen sie gern zu, verstehen es aber nicht in dem herabsetzenden, ehrenrührigen Sinne, in dem das Wort gemeint war, sondern in einem für sie weit günstigeren: wer ihnen von seinem vergänglichen Gute mitteilt, dem spenden sie hinwieder dafür Ehre, indem sie ihn verherrlichen und preisen und in ihren Liedern ruhmvoll fortleben lassen. Ganz ähnlich denken bekanntlich später manche der italienischen Humanisten, jene schmarotzenden Litteraten und „Nachruhmspender", deren Unverschämtheit zumeist mit ihrer Einbildung und ihrem Stolze gleichen Schritt hielt. An Eitelkeit und Stolz ließen es unsere Spielleute, wenigstens diejenigen wiederum, die sich bewußt waren, etwas rechtes zu können, gleichfalls nicht fehlen. Schon ihr Auftreten läßt das erkennen. Zuweilen finden wir einen Diener erwähnt, der ihnen ihre Kleider, ihre Instrumente nachträgt; ja der berühmte Spielmann Vollarg war sogar, wie der Mönch Otloh von St. Emmeram berichtet, als er zu dem Vermählungsfeste eines sächsischen Großen ritt, von einer ganzen Schar seiner Kunstgenossen wie von

und Üppigkeit der Spielleute 43

einem ritterlichen Gefolge begleitet. Der höfische Spielmann selbst ist bestrebt, in Haltung und Benehmen durchaus den vornehmen Hofmann zu markieren. Wenn in dem Spielmannsepos von Salman oder Salomon und seinem Bruder Morolf letzterer sich als Spielmann verkleidet — Stolzelin nennt er sich als solcher —, so legt er einen roten Seidenrock an und nimmt die deutsche Harfe in die Hand; „höfisch standen ihm die Kleider, er ging in allen den Gebärden, als wenn er ein stolzer Spielmann wäre". In der jetzt in Stuttgart befindlichen Handschrift des Gedichtes ist Morolf dazu dargestellt in grünem Rock, gelben Hosen, roten Schuhen, die Harfe in der Hand

Abb. 34. Spielleute spielen zum Tanz auf. Holzschnitt von Cornelis Teunissen. 16. Jahrhundert. Nürnberg, Germanisches Museum. P. 11.

und einen mächtigen Busch von roten Federn auf dem Kopfe. Wir hören noch mehrfach, wie solche Spielleute mit ausgesuchter Eleganz in kostbare Stoffe gekleidet waren, gewöhnlich jedoch zugleich mit besonderer Vorliebe für irgend eine phantastische Zutat und für bunte, auffallende Farben, durch die sie sich durchgehends von den Rittern und Hofleuten unterschieden. Die stolzen Spielleute nennen sie sich in ihren Gedichten, oder auch die hübschen d. h. höfischen, die schönen, die süßen u. s. f., und sie haben auch sonst nichts unversucht gelassen, ihre Persönlichkeit und ihren Stand in das beste Licht zu rücken, wofür, wie Gustav Freytag mit Recht sagt, „die sonnige Gestalt des Helden Volker, des Geigers" im Nibelungenliede besonders kennzeichnend ist. Ihr setzt er, gewissermaßen als Repräsentanten der unhöfischen Kunst, die derbe und ungeschlachte Figur des Mönches Ilsan im „Rosengarten" gegenüber. Vom Stamme Ilsans waren jene „Schandolf" und „Lasterbalg", jene „Hagedorn", „Höllenfeuer" und „Hagelstein", gegen die Berthold von Regensburg vor allem eifert, wohl auch jener „Rupft-den-mann" und der Schweizer „Haine Zolki, der war ein großer Dolki", die der Verfasser der Zimmernschen Chronik unter den alten Dichtern aufzählt, nicht minder Meister „Rümezland" (d. h. Räum' das Land) aus Schwaben und sein Namensvetter, der Sachse Suchenwirt (d. i. Suche den Wirt) und so viele andere, deren Lieder und Sprüche uns teilweise erhalten geblieben sind, endlich noch ein ganz anderer Zweig des fahrenden Volkes, den wir sogleich kennen lernen werden, nämlich die vagierenden Kleriker. Daß diejenigen, die in Musik und Dichtkunst oder auch nur in artistischen Fertigkeiten Besonderes leisteten, erbittert waren, und dieser Erbitterung auch Ausdruck verliehen, wenn ein verständnisloses Publikum auch denen seine Gunst schenkte und zujubelte und reiche Gaben spendete, die solches nach der zweifelhaften Güte und Originalität ihrer Vorführungen nicht verdienten, ist nur zu verständlich und sicherlich berechtigt. Nicht immer aber geht aus derartigen Auslassungen — wie wenn etwa „der Unverzagte" in einem Spruche darüber klagt, daß die „künstelosen Edlen" die „künstelosen Leute" d. h. Spielleute bevorzugen — klar hervor, ob mit den künstelosen Leuten thatsächlich geist- und talentlose Gesellen oder etwa nur die unhöfischen Spielleute, die Männer jener anderen, ungekünstelteren und nationaleren Richtung nach dem Typus Ilsan gemeint sind. Denn auch gegen diese wandte sich, wie wir schon sahen, der Groll der höfischen Spielleute, und schließlich war überhaupt das ganze Volk der Spielleute gegenüber einem vom Glücke besonders begünstigten Standesgenossen zu Neid und Anfeindung und zur Herabsetzung seiner Leistungen nur zu sehr geneigt. Man kann es daher der Zeit kaum verübeln, wenn sie — zumal bei der Kritiklosigkeit des großen Publikums — nach der Seite des Rechts keinen Unterschied machte zwischen einem vielleicht als Dichter oder Komponisten hochbegabten, feingebildeten Fahrenden und etwa einem polnischen Bärenführer. Noch Rudolph von Habsburg, der allerdings wenig Grund hatte, den Spielleuten besonders gewogen zu sein, schloß sie 1281 samt und sonders von seinem Landfrieden aus: „Lotterpfaffen mit langem Haar", heißt es, „und Spielleute sind von dem Frieden ausgenommen". Mit jenen Lotterpfaffen nun — daß man „Lotter, Pfaffen" zu lesen habe, ist mir unwahrscheinlich, da das Mittelalter die Lotter im Sinne von Gaukler, Possenreißer unter die Spielleute mit begreift — sind eben die fahrenden Kleriker, die Vaganten, gemeint, von denen schon die Rede gewesen ist. Sie werden hier mit den Spielleuten unmittelbar zusammen genannt und erfahren genau die gleiche Behandlung wie jene. Es liegt daher nahe, sie auch in unserer Betrachtung direkt auf die Spielleute folgen zu lassen: die Wesensähnlichkeit dieser beiden Gruppen von fahrenden Leuten wird dadurch um so deutlicher zu Tage treten.

Über den Ursprung und die Anfänge des Vagantentums in dem angedeuteten Sinne sind die Akten bisher noch nicht geschlossen, wenn auch eindringende Forschung im allgemeinen zu einer Einigung über die wichtigsten der sich ergebenden Fragen geführt hat. Kein Zweifel, daß die in der Hauptsache von Frankreich und seiner hohen Schule zu Paris etwa seit dem Beginn des 12. Jahrhunderts ausgehende neue Richtung des mittelalterlichen Denkens oder der philosophisch-theologischen Spekulation — von eigentlicher

II, 2. Auftommen der Scholastik 45

Abb. 35. Leben auf der Landstraße im 15. Jahrhundert. Kpfr. von Martin Schongauer (1446—1491). Berlin, Kupferstichkabinett. B. 88.

Wissenschaft in unserem Sinne kann ja das ganze Mittelalter hindurch überhaupt kaum die Rede sein — kein Zweifel, daß die Scholastik eine nicht unbedeutende Rolle bei der Entstehung dieser merkwürdigen Erscheinung gespielt hat, ja als die eine, allerdings nur indirekt wirkende Hauptursache des Vagantentums bezeichnet werden darf. Denn der Anspruch, den die Scholastik erhob und der ihr Wesen ausmacht, nämlich die von Gott offenbarten ewigen Wahrheiten durch richtige Schulung des Geistes auch vermöge menschlichen Denkens begreifen zu können, wirkte auf weite Kreise wie eine neue Offenbarung, und der sich rasch verbreitende Ruhm ihrer Lehrer, eines Peter Abälard, der Viktoriner und anderer trug noch zur Verstärkung des Eindrucks bei. Durch die in Aussicht gestellte Möglichkeit des Erkennens der göttlichen Geheimnisse gewaltig angezogen, wandte sich nun die Jugend in Frankreich sowohl wie auch in Deutschland und England mit einem wahren

Feuereifer und in beständig wachsender Zahl dem Studium der Theologie zu. Man scheute keine Mühe — und an Mühsalen war das Studieren im Mittelalter schon wegen der mangelhaften Verkehrsverhältnisse nur zu reich —, um sich in den Besitz nicht nur des theologischen Wissens der Zeit, sondern auch der logischen Verstandeskräfte und dialektischen Fertigkeiten zu setzen. Viele Hunderte von lernbegierigen Schülern wanderten alljährlich nach Paris, nach Oxford und zu den übrigen Stätten der neuen scholastischen Gelehrsamkeit, während die hohen Schulen Italiens, die Hauptpflegstätten der medizinischen und der juristischen Wissenschaft, sich zunächst noch nicht der gleichen Steigerung ihrer Beliebtheit erfreuten.

Kehrten dann aber die jungen Theologen voll Stolz auf den gewonnenen Wissensschatz und gehoben von froher Hoffnung auf eine an innerer Befriedigung und segensvoller Thätigkeit und auch an Ehre reiche Zukunft in ihre Heimat zurück, so wurden in der weit überwiegenden Mehrzahl der Fälle ihre hochgespannten Erwartungen auf das bitterste enttäuscht. Denn mit dem Aufschwung, den das theologische Studium nahm, ging nicht nur keine Vermehrung der geistlichen Stellen Hand in Hand, sondern die Zahl solcher Stellen nahm sogar von Jahr zu Jahr noch mehr ab. Die Ursachen dieser Erscheinung, die durch ein Spiel des Zufalls ziemlich gleichzeitig mit dem Aufkommen der Scholastik und in Frankreich und England nicht wesentlich anders als in Deutschland wirksam wurden, wurzeln wiederum tief in der wirtschaftlichen Entwickelung der drei Länder. Schon oben mußte gelegentlich auf die frühzeitig beginnende Herausbildung und Arrondierung größerer Territorien und die Art, wie dieselbe von den großen Herren, den mächtigen Fürsten des Reichs betrieben wurde, hingewiesen werden. Wir sahen bereits, wie diesem Streben allmählich der Stand der minder bemittelten reichsfreien Leute zum Opfer fiel. In der folgenden Epoche, mit der wir es hier zu thun haben, machte sich der gleiche Eigennutz nun auch an die geistlichen Pfründen, dieselben nach Möglichkeit beschneidend und so ihre Erträgnisse zum guten Teil dem eigenen Beutel zuführend. Ein Ersatz dafür war um so schwerer zu gewinnen, als die eben um diese Zeit sich auch in Deutschland rasch ausbreitenden neuen Mönchsorden namentlich der Cistercienser und Prämonstratenser, dann seit dem Beginn des 13. Jahrhunderts auch der Dominikaner und Franziskaner große Anforderungen an die Gebefreudigkeit der Gläubigen stellten und unter der Beliebtheit dieser Orden die Weltgeistlichen auch sonst in wachsendem Maße zu leiden hatten. So kam es dahin, daß manche der ehemals vielleicht reichlich dotierten Pfründen nunmehr nur kaum noch oder thatsächlich nicht mehr ihren Mann ernährten, und die nächste Folge war, daß derartig schlecht gestellte Laienpriester und weiterhin dann auch, wie es zu gehen pflegt, manche besser situierte, die es nicht nötig gehabt hätten, danach trachteten, zwei oder auch mehrere solcher Stellen in ihrer Hand zu vereinigen. Was man jenen billigerweise nicht verdenken konnte und worin man anfangs die willkommene Abhilfe eines Mißstandes erblickt haben mag — um so willkommener, als durch diesen Modus alle Ansprüche und Klagen wegen der schlechten Dotierung der Pfründen leicht zum Schweigen gebracht wurden — das mußte, sobald nicht mehr die Not befahl, sondern Habsucht ins Spiel kam, notwendig zum Unsegen ausschlagen.

Es kann nicht meine Aufgabe sein, hier näher auf den „cumulus beneficiorum", wie man die Anhäufung mehrerer Stellen in der Hand eines einzigen Laienpriesters im Mittelalter nennt, einzugehen, etwa die weitere Entwickelung der Erscheinung zu verfolgen, die Maßnahmen, mit denen man ihr, sobald man ihre schweren Schäden erkannt, zu begegnen suchte, aufzuführen oder jene Schäden selbst, die zunächst in dem nun immer mehr entartenden Priesterstand die Kirche betrafen, dadurch aber zugleich von tief einschneidender Wirkung auf das ganze Leben der Nation waren, im einzelnen zu beleuchten. Für unseren speziellen Fall genügen obige Andeutungen, um die Sachlage, wie sie sich in der ersten Hälfte des 12. Jahrhunderts aus den widerstreitenden Verhältnissen heraus entwickelt hatte, mit hinreichender Deutlichkeit zu erkennen: der mächtig anwachsenden Zahl junger Kleriker stand eine gewaltige und fortgesetzte Verminderung der geistlichen Stellen gegenüber. Was sollte nun aus jener großen Schar nach vollendeten Studien zurückkehrender Theologen werden? Auf eine baldige Anstellung konnten, wie die Dinge lagen, nur die allerwenigsten von ihnen rechnen. Die meisten wären schon froh und glücklich gewesen, wenn sie etwa, und sei es auch nur gegen eine spärliche Vergütung ihrer Dienste, einem alternden oder infolge seiner vielen Pfründen mit Arbeit überladenen Pfarrer als Vikare helfend hätten zur Seite treten dürfen. Aber auch das zu erreichen, glückte nur verhältnismäßig wenigen. Von den übrigen werden vielleicht einige, die Sachlage richtig erkennend, sich noch in letzter Stunde einem anderen Berufe zugewandt, entschlossen zu Pflug und Karst oder auch zu Helm und Spieß gegriffen haben. Die große Masse aber und insbesondere diejenigen, die den Idealen ihrer Jugend nicht so rasch den Laufpaß zu geben vermochten, verlegten sich aufs Warten und entarteten allmählich infolge der immer aufs neue getäuschten Hoffnungen, der Not des Lebens, mit der sie zu kämpfen hatten, und der Verbitterung, der sie darüber anheimfielen, zu jener zügellosen Gesellschaft, als die uns die fahrenden Kleriker im 12. und 13. und bis in den Beginn des 14. Jahrhunderts hinein begegnen. Um des lieben Brodes willen wandten sie sich der Musik und Poesie zu, bedienten sich aber zu ihren dichterischen Hervorbringungen vorzugsweise der lateinischen Sprache, da sie es nicht, wie die Spielleute, in erster Linie auf die Belustigung der Laien abgesehen hatten, sondern sich vor allem an ihre in Amt und Würden befindlichen Standesgenossen hielten. Und diese, die es meist schon für ihre Christenpflicht hielten, ihren bedrängten Mitbrüdern zu helfen, ergötzten sich vielfach wohl in der That nicht wenig an den leichten, frischen und lebensvollen Rhythmen, in denen das altehrwürdige Latein den entgleisten Theologen über die jugendlichen Lippen tanzte, und nicht minder gelegentlich an dem oft leichtfertigen ja obszönen Inhalt ihrer Lieder. Die wichtigste Sammlung derselben befindet sich jetzt in der Münchener Hof- und Staatsbibliothek und stammt aus dem Kloster Benediktbeuern, wonach man die Vagantenlieder, die sie enthält, nach dem Vorgange ihres ersten Herausgebers als Carmina Burana zu bezeichnen pflegt. Die Gedichte sprudeln über von Witz und

Abb. 36. Landstraße mit Pilgern. Kpfr. von Lucas von Leyden um 1508. München, Kupferstichkabinet. B. 149.

Humor, deren Derbheit freilich zuweilen nur durch die graziöse Behandlung des lateinischen Idioms in etwas gemildert wird. Liebeslieder, Spiellieder, Bettellieder, Wortspielereien, Zoten und auch ernste Strophen, Schilderungen ihres Elends u. s. f. stehen bunt durch einander: ganz besonders reich aber ist die Sammlung an Trink- und Kneipliedern, wie denn diese vagierenden Kleriker oder Goliarden, um sie mit ihrem französischen Namen zu bezeichnen, nicht minder zum Schmausen, zum Schlemmen und Dämmen, allezeit aufgelegt gewesen zu sein scheinen. Gott Bacchus und der als ein Heiliger angerufene Epikur spielen in ihren Liedern eine große Rolle.

Die Frage nach der Nationalität der Verfasser dieser Gedichte hat den Gelehrten viel Kopfzerbrechen gemacht, um so mehr als nur ganz selten eines der Lieder mit dem Namen eines Autors bezeichnet ist. Ob aber französischer, englischer oder deutscher Nationalität — diese drei Länder kommen für die Zuschreibung vorzugsweise in Betracht, und Frankreich, das wohl den Ausgangspunkt der ganzen Erscheinung bildete, wird vermutlich auch den Hauptanteil an der Produktion gehabt haben — jedenfalls umschlang alle diese nach ihren ursprünglichen Anlagen oft zu Besserem und Höherem bestimmten Menschen das gemeinsame Band des gleichen Geschicks, und das Bewußtsein der Zusammengehörigkeit spricht sich ebenfalls in vielen ihrer Lieder aus, in denen von ihrem „Orden" oder ihrer „Sekte" die Rede ist. Besonders berühmt ist darunter eines, das uns unter anderm über die Zusammensetzung dieses ihres Vagantenordens eingehend unterrichtet. Die betreffenden Strophen lauten in der Übersetzung von Ludwig Laistner:

„Wir sind an Barmherzigkeit
Echte Religiosen;
Denn wir nehmen alles auf,
Kleine samt den Großen,
Nehmen auf den reichen Mann
Wie den arm- und bloßen,
Den die frommen Klosterherrn
Von der Schwelle stoßen.

Nehmen ferner auf den Mönch
Mit rasierten Haaren,
Pfarrer samt der Hauserin
In gesetzten Jahren,
Lehrer mit der ganzen Schul,
Herren in Talaren,
Einen Schüler doppelt gern,
Fehlt's ihm nicht am Baaren.

Für Gerechte ist der Bund
Wie für Ungerechte,
Starke, Schmucke nehmen wir,
Nehmen Lahm' und Schlechte,
Jugendkräftig Blühende,
Altersmattgeschwächte,
Die mit frostigem Geblüt,
Und Frau Venus Knechte.

Zänker und Verträgliche,
Liebe samt den Leiden,
Deutsch und welsch und slavisch Blut,
Türken oder Heiden,
Sei es Riese oder Zwerg
Oder zwischen beiden,
Thu' er groß mit Amt und Rang,
Sei er still bescheiden.

Abb. 37. Karikatur auf trunkene Scholaren. Holzschnitt aus: De ganeribus ebriosorum. Nürnberg, Hölzel, 1516.

In anderen Gedichten tritt besonders der Gegensatz zu den Klostergeistlichen, der auch in der ersten der zitierten Strophen schon anklingt, scharf hervor, indem sie durch die Gebräuche und Einrichtungen ihres Bundes diejenigen der verschiedenen Mönchsorden, namentlich der Bettelmönche parodieren. Wie weit es sich dabei übrigens thatsächlich um eine einigermaßen geschlossene Bruderschaft handelte, ist schwer zu sagen. Ich glaube, daß man mit diesem „Orden" vielfach einen falschen Begriff verbindet, daß von einer festeren Organisation überhaupt nicht die Rede sein kann und in den Gedichten vieles über den Bund nur des Witzes wegen vorgebracht wird, der Thatsächlichkeit aber entbehrte. Schon die angeführten Strophen zeigen zur Genüge, daß an einen geregelten Zusammenschluß nicht gedacht wird. Der entlaufene Mönch so gut wie der beweibte Pfaffe, kurz alle jene Elemente der Landstraße, die, dem Gelehrtenstande angehörend, sich mit der Gesellschaft in Zwiespalt befanden und von ihr ausgeschlossen worden waren, wurden als Leidensgenossen ohne weiteres als zum Orden gehörig angesehen. Nur sporadisch und mit lokaler Beschränkung mag es zu schärferer Ausprägung bestimmter Satzungen gekommen sein, wobei dann wohl auch ein im Trinken oder Singen und Dichten besonders tüchtiges Mitglied des Ordens halb scherzhafter Weise als Bischof, Abt, Subprior, Primas, Archiprimas u. s. f. oder auch als „Golias" an die Spitze gestellt wurde. Unter solcher Bezeichnung sind uns manche der hierhergehörigen Gedichte überliefert, wobei „Golias", abgeleitet von Goliarden, wohl regelmäßig auf französischen Ursprung hindeutet. Allerdings ist man sich über die Bedeutung auch des Wortes Goliarden bisher keineswegs einig. Am nächsten liegt es doch wohl, etwa an eine frühe Ableitung von lat. gula, provençalisch gola — Kehle, Gurgel, Schlemmerei zu denken, die später in Vergessenheit geriet, worauf man dann erst das Wort an den Namen des Riesen Goliath anlehnte, den die Vaganten gewissermaßen als ihren Schutzpatron verehrten. Einige Lieder, die zu den bedeutendsten der ganzen Vagantenpoesie gehören, gehen unter dem Namen des „Archipoeta", eines Dichters und fahrenden Klerikers, dessen Wirken sich von 1159 bis 1164 verfolgen läßt, über dessen Persönlichkeit uns jedoch bisher trotz aller darüber aufgestellten Vermutungen nicht viel mehr bekannt ist, als daß er eine Zeit lang am Hofe Reinalds von Dassel gelebt hat.

Auch sonst finden wir noch verschiedentlich begabte Vaganten — diesen Namen hat der ganzen

Der Wein ergetzt des Menschen hertz/
Erweckt darinn/freud schimpff vnd schertz
Wer nicht mag Sauffen jeder frist/
Derselb kein rechter Teutscher ist.

Abb. 38. Spielkarte mit Vers auf das deutsche Nationallaster des Trinkens. Holzschnitt von Jost Amman (1539—1591). A. 235.

Gruppe von Fahrenden übrigens erst die neuere Zeit beigelegt — mit ihrer Kunst in Hofdiensten thätig, wie denn überhaupt zwischen der Lebensweise, dem Wünschen und Streben dieses lockeren Völkchens und der eigentlichen Spielleute schließlich kaum noch ein wesentlicher Unterschied ist, nur daß die Vaganten, da sie sich, sei es aus Politik, aus altem Herkommen oder wegen der für sie geringeren Schwierigkeit des Ausdrucks nach wie vor fast durchweg der lateinischen Sprache bedienten, allezeit in erster Linie auf die geistlichen Höfe und Pfarrhäuser angewiesen blieben, während den Spielleuten ein weiteres Feld zur Bethätigung offen stand. Anfangs freilich — und

4

Abb. 39. Bettelmönch und lahmer Bettler. Holzschnitt aus: Vindler, Buch der Tugend. Augsburg, Blaubirer, 1486.

Die Anfänge vagierender Kleriker reichen weit zurück, bis in die karolingische Zeit hinein —, ja im allgemeinen wohl auch noch das ganze 12. Jahrhundert hindurch, fühlten sie sich trotz alledem noch durchaus als Geistliche und blickten mit unverhohlener Verachtung auf das gemeine Volk der Spielleute herab. Seit aber immer mehr anrüchige Elemente sich mit der Masse der stellenlosen Kleriker verschmolzen und dieses ganze Gelehrtenproletariat — um einen modernen Ausdruck zu gebrauchen — sich durch üblen Lebenswandel die Gunst des besseren Publikums mehr und mehr verscherzte, läßt jener Stolz merklich nach. So vergleicht um das Jahr 1265 Surianus — wohl ein angenommener Name — „durch die unheilbare Borniertheit der Dummen Oberpriester und Archiprimas aller fahrenden Scholaren in Österreich, Steiermark, Bayern und Mähren", wie er sich nennt, in einem humorvollen parodistischen Edikt den Orden der Vaganten mit den Fledermäusen, für die weder unter den vierfüßigen Tieren noch unter den Vögeln Raum ist. Ähnlich ständen, meint er, die wandernden Scholaren zwischen Laien und Klerikern, von den Wohnungen der Laien vertrieben und auch von den Thüren der Geistlichen zurückgestoßen. An den Vorrechten geistlichen Standes jedoch und besonders auch an der Abgabenfreiheit, die den wandernden Studenten durch das Privilegium scholasticum des Reichstags auf den Ronkalischen Feldern 1158 gewährt worden war, hielten sie mit großer Zähigkeit fest, natürlich lediglich wegen der Erleichterungen als solcher, nicht weil sie sich noch thatsächlich als Kleriker betrachtet oder auf eine Anstellung als Pfarrer gehofft hätten. In der zweiten Hälfte des 13. Jahrhunderts wenigstens waren sie bereits so verwahrlost, daß sie nicht einmal mehr derartige Wünsche hegten, vielmehr das freie Vagantenleben zumeist dem Zwange eines Amtes vorzogen. Allerdings waren damals bereits von Staat und Kirche durch Bestimmungen gegen den cumulus beneficiorum, Vermehrung der Pfarrstellen u. s. w., wirksame Maßregeln gegen das überhandnehmende Vagantenunwesen ergriffen und den besseren Elementen unter den fahrenden Klerikern dadurch die Umkehr und Rückkehr zu einem geordneten Leben erleichtert worden. Mit denen, die gleichwohl im „Orden" geblieben waren, konnte man schlechterdings kein Mitleid mehr haben. Es war die Hefe der damaligen Gesellschaft, zu Betrügereien und Gewaltthätigkeiten aller Art stets geneigt und für ihren Lebensunterhalt fast auf solche angewiesen, denn auch die Phantasie und dichterische Begabung sehen wir in den letzten Jahrzehnten des Bestehens des Vagantenordens in seinen Reihen in rascher Abnahme begriffen. In unanständigem Aufzuge, verlottert und verlumpt zogen sie im Lande umher, an den Thüren der Geistlichen bettelnd oder auch wohl mit gewaffneter Hand in die Pfarrhäuser einfallend und Geld und Eßwaren als Beute davonführend. In den Dörfern hielten sie falsche Reliquien feil, erteilten Ablässe, drangen in die Kirchen, um Messe zu lesen oder den Altar durch Würfelspiel zu entweihen. Die übrige Zeit des Tages verbrachten sie gewöhnlich in der Kneipe, spielend, schmausend, trinkend, in Gesellschaft von Buhldirnen. Charakteristisch dafür, wie die Zeit über diese letzten abscheulichen Reste des Vagantentums dachte, ist der Abschnitt von den Lotterpfaffen in dem 1276 verfaßten Buch der Rügen. „Zu den Lotterpfaffen", heißt es da, „sollt ihr sprechen: Ihr unreinen Affen, wie mögt ihr euer Leben, das doch Gott euch hat gegeben, nur so verthun, da ihr nur in Üppigkeit dahin lebt und in Schlechtigkeit! Wäre doch euer elender Orden nie geboren worden! Denn lästerlich, recht wie Schächer geht ihr daher, und euerer Bosheit ist so viel, daß Gott nichts mehr von euch wissen will. Und sogar dem bösen Feind ist es arg, wenn ihr zu ihm kommt.

Auch er hielte sich lieber an ehrbarere Leute. Datum geht eilends, ehe es zu spät ist, und bringt in das Höllenthor, ehe euch auch das versperrt wird. Wenn ich euch aber ernstlich raten soll, wie mir Gott befiehlt, so bekehrt euch und ehret Gott künftig besser, als ihr bisher gethan habt, denn wohl erinnere ich mich des Wortes, das Gott liebend zu uns sprach, da er uns in Nöten sah: nicht des Sünders Tod will ich, sondern daß er lebe und sich bekehre. Thut ihr das nicht, so weiß ich wohl den Lohn, den man euch geben soll."

Aber die Verlotterung hatte schon zu weit um sich gegriffen, als daß an eine Rückbildung zum Besseren, an eine Umkehr noch zu denken gewesen wäre. Und da die Sittenlosigkeit der Vaganten vielmehr von Jahr zu Jahr zunahm und ihre Verhöhnung kirchlicher wie weltlicher Ordnungen immer offenkundiger zu Tage trat, so sah sich schließlich auch die Kirche, die so lange wie möglich gegen diese enterbten Angehörigen des Klerus Nachsicht und Milde hatte walten lassen, genötigt, mit Strenge gegen sie vorzugehen. In Frankreich hatten schon in den dreißiger Jahren des 13. Jahrhunderts die Synoden von Rouen, Sens und Chateau-Gontier hiermit den Anfang gemacht, indem sie bestimmten, daß den ribaldischen d. h. vagabundierenden Klerikern, besonders aber denen von der „Bruderschaft (familia) des Golias", wie man sage, von den Kirchenvorständen das Haar so weit scheren gelassen werden solle, daß die Tonsur an ihnen nicht mehr zu sehen sei — vorausgesetzt, daß dies ohne ärgerliches Aufsehen und Gefahr für die Kirche geschehen könne. Deutsche Kirchenversammlungen folgten mit ähnlichen Bestimmungen, wobei namentlich die niederdeutschen Synoden sogleich mit herber Strenge verfuhren. In Süddeutschland dagegen schritt man erst gegen den Schluß des 13. Jahrhunderts zum äußersten, indem man nun auch hier den Vaganten den geistlichen Charakter überhaupt absprach, sie damit ihrer klerikalen Vorrechte beraubte und als Genossen der Landstreicher und Spielleute der weltlichen Gerichtsbarkeit zu weiterer Behandlung überantwortete. In diesem Sinne sprach sich 1287 das Nationalkonzil zu Würzburg in seinem 34. Kanon aus, und mit der gleichen Strenge gingen 1284 und 1294 die Synoden von St. Pölten gegen das wüste Treiben der Vaganten im Passauer Sprengel, 1300 die Kirchenversammlung zu Köln und 1310 diejenige zu Mainz gegen die fahrenden Kleriker in diesen beiden Erzbistümern, die Salzburger Konzilien von 1274, 1291 und 1310 gegen den Orden der Vaganten im Salzburgischen vor.

Hier scheint um die Jahrhundertwende eine letzte Hochburg des Vagantentums, das sich in den österreichischen Ländern überhaupt länger gehalten hat als in den heutigen reichsdeutschen Gebieten, ein letzter Sammelplatz der fahrenden Kleriker gewesen zu sein. Wenn sich aber auch die Spuren der merkwürdigen Erscheinung noch lange verfolgen lassen und selbst vieles in dem Leben und Treiben der wandernden Schüler in den folgenden Jahrhunderten, der „Bacchanten", deren Namen die Einen von dem auch von ihnen sehr verehrten Gott Bacchus ableiten, die Anderen aus dem Worte Vaganten entstanden sein lassen möchten, ohne Zweifel aus ihrer Verwandtschaft mit jenen „Lotterpfaffen" des 12. und 13. Jahrhunderts zu erklären ist, — der Orden der Vaganten, ihr Zusammenhalt war durch die angedeuteten Bestimmungen, wo immer sie zur Geltung kamen, mit einem Schlage gesprengt. Die Kirche trennte sich mit scharfen Schnitten von

Abb. 40. Geißler von H. S. Beham (1500—1550).
Holzschnitt aus: Das Babstum mit seynen glidern.

II, 3. Die übrigen Fahrenden: Bettler, Hausierer, Pilger u. s. w.

Abb. 41. Bettler empfängt eine Gabe. Holzschnitt aus: Passionael efte dat levent der hyllighen. Lübeck, Stephan Arndes, 1507.

diesen kranken Gliedern, die allmählich den ganzen Körper zu vergiften drohten. Dem seiner Eigenart gewaltsam entkleideten Vagantentum aber blieb nun keine Wahl mehr. Wer sich nicht in geordnete Verhältnisse zurückfinden konnte, verschwand in der großen Masse der Spielleute und der übrigen Fahrenden. Mit der Sonderexistenz einer großen Gruppe „studierter" Leute, die, schließlich ohne jedes höhere Ziel, sich als fahrende Sänger, Musikanten und Possenreißer durch die Welt schlugen, war es seitdem vorbei.

Das Leben der Landstraße, die Menge und Mannigfaltigkeit der Heimatlosen, der Fahrenden, erschöpft sich natürlich auch in dieser Epoche mit den Spielleuten und den ihnen durch Thätigkeit und Lebensweise nahestehenden Vaganten noch keineswegs. Die einzelnen Erscheinungen oder Typen, die wir schon in fränkischer und karolingischer Zeit in dem weiteren Kreise der fahrenden Leute sich entwickeln sahen, setzen sich hier fort, ohne ihr Aussehen und inneres Wesen erheblich zu verändern. Der Bettler, unter denen die Aussätzigen eine besondere Gruppe bilden, der das Land durchstreifenden entlassenen Kriegsknechte, aus denen sich hin und wieder kleinere und größere Räuberbanden rekrutieren, der bald hier, bald dort auftauchenden Betrüger und Diebe, der wandernden Quacksalber, Hausierer, fahrenden Dirnen u. s. w. wäre auch hier zu gedenken. Doch beginnen erst in den nächsten Jahrhunderten die authentischen Nachrichten über Leben und Treiben dieser Menschen reichlicher zu werden, weswegen ein etwas ausführlicheres Eingehen auf sie den folgenden Abschnitten dieses Buches vorbehalten bleiben mag. Eine eigentliche, innere Entwicklung haben sie ja ohnehin kaum aufzuweisen. Auf ihre äußere Erscheinung, ihr Auftreten, ihre Menge wirken allerdings die verschiedenen Zeitverhältnisse meist nicht unbeträchtlich ein. Danach modifizieren, mehren oder mindern sich die Typen. Eine besondere Klasse fahrender Leute in Masse, der Scharen der Geißelbrüder (Flagellanten), bleibt hier als vorübergehende Erscheinungsform gesteigerten religiösen Bußlebens bei Seite. In Deutschland traten sie vornehmlich erst im Gefolge der gewaltigen Seuche, des schwarzen Todes auf. Im übrigen bewirken im hohen Mittelalter vor allem die Kreuzzüge in den untern Volksschichten eine bedeutende Zunahme der Wanderlust und unsteten Lebensweise. Nicht nur daß, von unbezwinglichem Verlangen nach Neuem und Wunderbarem, nach Abenteuern und Gefahren aufgestachelt, ein gewaltiger Troß den Kreuzheeren folgte, Sänger, Musikanten, Possenreißer und fahrende Weiber in hellen Haufen zusammenströmten: zurückkehrend vermochten auch die Kriegsknechte, ja die Ritter, die neben dem reli-

Abb. 42. Lahmer Bettler. Holzschnitt aus: Reitter, Mortilogus. Augsburg, Oeglin und Nadler, 1508.

III. Wandlungen im späteren Mittelalter 53

giösen Drange häufig ein ähnliches Verlangen zur Fahrt in die Ferne getrieben, nicht immer sogleich dem unsteten Abenteurerleben Valet zu sagen, und manche von ihnen vermehrten dauernd die Scharen der fahrenden Leute. Vielfach fanden sie daheim thatsächlich nicht mehr den Boden, auf dem sie ein geregeltes, seßhaftes Leben aufs neue hätten beginnen können. Was sie ehedem besessen hatten, war etwa in der Zeit ihrer oft jahrelangen Abwesenheit die Beute habgieriger Nachbarn geworden oder ganz und gar heruntergekommen. Mancher fahrende Ritter ist durch solches Geschick zum Strauchdieb und Wegelagerer geworden. Auch Pilger (Abb. 36, 43—45) pflegten sich in großer Zahl den Kreuzheeren anzuschließen und waren überhaupt, seit die heiligen Stätten im fernen Orient der unmittelbaren Verehrung wieder leichter zugänglich waren, auf den Landstraßen immer häufiger anzutreffen. Sie werden uns geschildert mit grauleinenen Kutten angethan, die mit Muscheln benäht waren, mit breitkrämpigen Hüten auf den Köpfen, rindsledernen Schuhen an den Füßen, einen kräftigen Stock in der Hand, Tasche und Feldflasche an der Seite. Auch sie lebten, nicht viel anders als die Bettler, so gut wie ausschließlich von Almosen, die ihnen um so lieber und reichlicher gespendet wurden, je fesselnder und anschaulicher sie von den Wundern des fernen Ostens und den Abenteuern, die sie erlebt, zu erzählen wußten. Schon in dieser Zeit mag mancher Betrüger unter der einträglichen Maske des frommen Wallbruders mit phantastischen Berichten vor seinen andächtig oder gespannt lauschenden Zuhörern seinen Lebensunterhalt herausgeschwindelt haben, wie uns dies namentlich für die folgenden Epochen vielfach bezeugt ist. Und mit Bettlern, Pilgern und den übrigen Fahrenden um die Wette, ja sie im Bewußtsein ihrer uneigennützigen und Gott wohlgefälligen Mission an Dreistigkeit oft weit überbietend, liefen seit dem 13. Jahrhundert auch die von Ort zu Ort ziehenden Bettelmönche unablässig Sturm auf das gute Herz und die frommgläubige Gesinnung ihrer Mitmenschen. Sie müssen besonders in den ersten Jahrzehnten nach der Gründung ihrer Orden in dem Bestreben,

Abb. 43. Pilger. Holzschnitt aus: Passionael ofte dat levent der hyllyghen. Lübeck, Stephan Arndes, 1499. Hain 9962.

denselben so rasch wie möglich eine sichere wirtschaftliche Grundlage zu verschaffen, geradezu eine Art Landplage gewesen sein. Das geht unter anderm aus den Zornesworten des heiligen Bonaventura in seiner „Epistola de reformandis fratribus" hervor, worin er das zwecklose Umherschweifen der Franziskaner rügt und ihr „Betteln so zudringlicher Art, daß man sich ebenso fürchte, einem Bettelmönch wie einem Räuber zu begegnen". In solchem Maße hatten wohl die nächsten Jahrhunderte schon nicht mehr unter ihrer rücksichtslosen Bettelei zu leiden.

Die Zeit des Interregnums teilt das deutsche Mittelalter in zwei wesentlich von einander verschiedene Epochen. In dem jahrhundertelangen Kampf der beiden höchsten Gewalten der Christenheit, des Papsttums mit dem Kaisertum, war das Kaisertum unterlegen. Auf den Schlachtfeldern von Benevent und Tagliacozzo, auf der Richtstätte zu Neapel, wo Konradins Haupt gefallen war, hatte es sich verblutet. Zwar hatten die deutschen Fürsten schon vor dem völligen Erlöschen des stolzen Geschlechts, das mehr als ein Jahrhundert lang dem Reiche Könige und Kaiser beschert, sich nach einem anderen Oberhaupt umgesehen, und 1273 bestieg in dem Grafen Rudolf von Habsburg ein

Abb. 44. Pilger. Holzschnitt aus: Johannes de Gerson, opera. Basel, Kesler, 1489.

war die stetig zunehmende Macht und der beständig wachsende Einfluß der Städte. Durch ausgedehnte Bündnisse — den Rheinischen Städtebund, die Hansa u. s. w. — und durch feste Mauern vor Vergewaltigungen und Handstreichen geschützt, blühten sie seit dem Ende des 13. Jahrhunderts mächtig empor. Geschlossen auftretend, erwarben sie sich im In- und Auslande eine Reihe wichtiger Privilegien, die namentlich ihrem Handel zu gute kamen; und durch den Aufschwung, den dieser nahm, strömten in den größeren Städten sehr bald gewaltige Reichtümer zusammen, sodaß Enea Sylvio als Papst Pius II. zu Ausgang des 15. Jahrhunderts wohl etwas übertreibend sagen durfte, ein mittelmäßiger Nürnberger Bürger könne besser leben als ein schottischer König. Wie aber so die Städte in ihren Vereinigungen zu Schutz und Trutz selbst die Mehrzahl der Fürsten an Macht und Einfluß überflügeln, so drückt Leben und Denken des Bürgers überhaupt der ganzen Zeit seinen Stempel auf. In geistiger Beziehung tritt die Umwandlung, die sich damit gegenüber dem hohen Mittelalter vollzieht, am deutlichsten und schärfsten in der Poesie zu Tage. Die hervorragende Rolle, die wir bei der Pflege der Dichtkunst in der vorigen Epoche die Ritter spielen sahen, fällt nun mehr und mehr dem Bürgertum, insbesondere den Handwerkern zu; der höfische Minnesang wird vom zünftischen Meistergesang abgelöst. Hier wie dort deutet das Beiwort den der Erscheinung innewohnenden Mangel an. Waren die Erzeugnisse des Minnesangs in Idee und Ausdruck oft allzu sehr zugespitzt, unnatürlich und süßlich, um irgendwie volkstümlich zu werden oder auch nur auf weitere Kreise zu wirken, so waren dagegen die handwerksmäßigen Produkte des eigentlichen Meistergesangs in Form und Inhalt viel zu unkünstlerisch, derb und platt für ein feineres Empfinden. Dennoch betrachteten sich die Meistersinger als die Fortsetzer der Kunst der ritterlichen Minnesinger und zählten Walther und Wolfram zu den 12 alten Meistern, von denen ihr meisterliches Singen seinen Ausgang genommen habe. Auch der Marner gehört dazu, den wir bereits als Schüler Walthers von der Vogel-

Fürst den deutschen Thron, dessen Geschlecht dem deutschen Volke eine Reihe tüchtiger und hochbegabter Herrscher gegeben hat. Aber eine kraftvolle Dynastie, eine Dynastie, die stark genug gewesen wäre, auch die widerstrebenden Fürsten zur Anerkennung und Befolgung des kaiserlichen Willens zu zwingen, erstand nicht wieder. Die Reichsfürsten selbst ließen ein solches Herrschergeschlecht nicht mehr aufkommen. Mit der Macht des Kaisertums war es vorbei.

Wie schädigend nun aber das Fehlen einer starken Zentralgewalt seit der Mitte des 13. Jahrhunderts auf die politische, wirtschaftliche und geistige Entwicklung Deutschlands eingewirkt hat, ist zu häufig Gegenstand der Untersuchung und Darstellung gewesen, als daß hier ausführlicher darauf eingegangen zu werden brauchte. Eine der wichtigsten Folgen des Verfalls der Kaisermacht und der daraus entspringenden Wirren

weide näher kennen gelernt haben und der als bürgerlicher Dichter neben Frauenlob, dem Schmied Barthel Regenbogen und einigen anderen von der einen Richtung der Poesie zur anderen hinüberleitet. Alle drei, Marner, Frauenlob und Regenbogen, waren noch fahrende Sänger der alten Zeit, die ohne festen Wohnsitz von Burg zu Burg und von einem Fürstenhof zum anderen zogen. Indessen scheint Frauenlob sich in späteren Jahren in Mainz dauernd niedergelassen zu haben, wo er 1318 starb. Dort soll auf seine Veranlassung und unter seiner Leitung eine Gesangschule entstanden sein, die das ideale Vorbild für die Genossenschaften der Meistersinger wurde, wie sie sich, an Handwerksbrauch und -ordnung anknüpfend, seit der Mitte des 15. Jahrhunderts namentlich in den blühenden deutschen Reichsstädten bildeten. Damit scheidet eine große Gruppe aus dem Leben und der Geschichte der Fahrenden aus. Allerdings nicht völlig. Auch im 16. und sogar im 17. Jahrhundert treffen wir noch hin und wieder auf wandernde Meistersinger, die aus Liebe zur holdseligen Kunst der Poeterei oder im Vertrauen auf ein kleines Talent ihr Handwerk an den Nagel gehängt hatten und, nachdem sie von einer meistersingerischen Genossenschaft zu Meistern gemacht waren, mit dem empfehlenden „Freibrief" in der Tasche von Stadt zu Stadt zogen und durch Gesang und Dichtkunst, später daneben häufig mit Fechterkünsten ihren Lebensunterhalt zu erwerben suchten — ungerechnet die zahlreichen Handwerksgesellen, die auf der Wanderschaft bald hier bald dort Singschule hielten, jedoch nach Ablauf der vorgeschriebenen Wanderzeit in ihren Heimatsort zurückkehrten und daselbst als ehrsame Handwerksmeister und biedere Meistersinger seßhaft ihr Wirken fortsetzten. Der Schutz, den die Städte Handel und Wandel boten, führte mit der Blüte des deutschen Handwerks zu dieser Verschiebung der bisherigen Verhältnisse.

Doch noch ein weiteres Seßhaftwerden ehemals fahrender Leute hängt mit dem Aufschwung des

Abb. 45. Pilgergruppe. Holzschnitt von Hans Burgkmair zu Geiler von Kaisersberg's „Predigen Teutsch". Augsburg, Hans Othmar, 1508. B. 72.

Abb. 46. Dudelsackpfeifer und Fiedler. Holzschnitt von H. S. Beham. Aus: Joh. Curio et Jac. Crollius, de conservanda bona valetudine. Frankfurt, Egenolf, 1545.

Städtewesens in dieser Epoche zusammen. Zu den Fürsten, die wir schon im vorigen Abschnitt gelegentlich als die Brotherren begabterer Spielleute kennen gelernt haben, gesellten sich immer mehr die Städte, die gleichfalls für ihre Festlichkeiten insbesondere der Musik nicht entraten konnten und daher eine Anzahl tüchtiger Spielleute dauernd in ihre Dienste nahmen. Es sind das die Stadtmusikanten, die uns seit dem 14. Jahrhundert immer häufiger begegnen, freilich nicht unter diesem späten Namen, sondern als „Stadtpfeifer" oder auch „der Stadt Spielleute" oder „Hofierer", welches Wort im späteren Mittelalter aufkommt und in der gleichen allgemeinen Bedeutung wie Spielmann, Spielleute gebraucht wird. In Frankfurt a. M. wird 1356—1366 ein Pfeifer Gotze erwähnt, der von der Stadt einen Sold in Gestalt von sechs Achteln Korn jährlich bezog. Von 1377 an begegnen uns hier drei Stadtpfeifer, von denen jeder jährlich sechs Simmer Korn, ein paar Lederhosen und Kapuzen sowie Geld zur Bestreitung des Mietzinses erhielt. Von 1382—1400 belief sich ihr Sold auf je 20—33 Pfund Heller jährlich. Auch die ältesten Nürnberger Polizeiordnungen und Ratsverlässe enthalten manche schätzbare Nachricht über die städtischen Spielleute, die hier von dreierlei Art waren, nämlich Pfeifer, Lautenschläger und „Portitifer", d. h. Spielleute, deren Instrument das Portativ, die Handorgel, nicht zu verwechseln mit Drehorgel, war. Ihre Thätigkeit beschränkte sich jedoch nicht auf die Mitwirkung bei den von der Stadt ausgehenden Festlichkeiten und Zeremonien bei feierlichen Umzügen, Wahlen, Geschlechtertänzen u. s. f.; durch das Auffspielen bei Hochzeiten oder sonstigen Familienfesten konnten sie sich manche Nebeneinnahmen schaffen. Nur daß es für solche private Gelegenheiten stets der besonderen, übrigens in der Regel leicht erteilten Genehmigung von Seiten des Rats als ihres Dienstherrn bedurfte. So sind in den Nürnberger Ratsverlässen aus der zweiten Hälfte des 15. Jahrhunderts besonders zahlreich diejenigen Notizen, in denen bald diesem, bald jenem Bürger oder Bürgerssohn zu seiner Hochzeit ein paar Stadtmusikanten vergönnt werden. Bei üppigeren und reicheren Hochzeiten begnügte man sich damit indessen nicht. Es ging vielmehr auch in den Städten das Bestreben dahin, möglichst viele Spielleute für die Feier und die Unterhaltung der Gäste zu gewinnen, und da die fahrenden Gaukler und Musikanten nach wie vor in Masse vorhanden waren und sich besonders zahlreich überall einzufinden pflegten, wo sie auf ihre Rechnung zu kommen hoffen durften, so sahen sich die Obrigkeiten der Städte sehr bald veranlaßt, die Zahl der zu einem solchen Feste zuzulassenden Spielleute sehr zu beschränken, der großen Menge der Fahrenden überhaupt den Eintritt in die Stadt und den Aufenthalt daselbst zu verbieten, jede Belästigung des Publikums oder der Festgäste durch die oft unbescheidenen und rohen Gesellen mit strengen Strafen zu belegen u. s. f. So entstanden überall eine ganze Reihe von Spielleuteverordnungen. In Straßburg waren bei Hochzeiten nur vier Spielleute bewilligt, die keine Fremden sein durften. Gegen die Fremden wendet sich auch ein anderer Beschluß des Straßburger Rates aus dem Anfang des 15. Jahrhunderts, in dem es heißt, daß kein Stadtmeister oder Ammeister einem Herolde, Trompeter, Pfeifer, Orgeler,

Abb. 47. Pfeifer. Holzschnitt aus der Titelbordüre zu Andreas Bodenstein (Karlstadt), Von Beyden gestaldten der heylige Messe. Wittenberg, Johann Grunenbergk, 1522.

Lautenschläger, Geiger, Sprecher, Sänger oder sonst einem fremden Manne oder Weibe, wie immer sie genannt seien, „von unserer Stadt wegen" irgend etwas geben solle. Nach einer Nürnberger Polizeiordnung des 14. Jahrhunderts durften auf einer Hochzeit nur sechs fahrende Leute, Männer und Frauen, beschenkt werden, es war auch den geladenen Gästen nicht gestattet, noch besondere Spielleute auf ihre Kosten mitzubringen oder jenen sechs Fahrenden etwas zu geben. Ähnlich heißt es in einer Nürnberger Ordnung des 15. Jahrhunderts, die zugleich wiederum eine Maßregel gegen die Spielleute von auswärts enthält: „Item man soll auch irgendwelche Spielleute oder Lotter zu einer Hochzeit nicht herein noch zu der Mahlzeit laden, noch da essen lassen, ausgenommen die, die etwa mit dem Bräutigam oder der Braut vom Land herein kommen oder die der Stadt Schild tragen mitsamt dem Hegelein (d. i. der von der Stadt angestellte Spruchsprecher), der zum Tanz lädt".

Solche Bestimmungen entsprangen teils den üblen Erfahrungen bei fürstlichen Hochzeiten und sonstigen Festlichkeiten, zu denen jeder der geladenen Vornehmen mit einem Schwarm nichts weniger als anspruchsloser Spielleute zu erscheinen pflegte, teils dem berechtigten Mißtrauen gegen die lockeren Grundsätze der Fahrenden überhaupt, die man sich daher, so gut es ging, vom Halse zu halten suchte. Für Beides, sowohl für die Furcht vor den habgierigen Spielleuten vornehmer Herren wie für dieses Mißtrauen, bieten uns die Quellen zahlreiche Belege. Da manchmal die Spielleute aus dem Gefolge eines etwa vorbeiziehenden Großen lediglich in die Stadt hineingeschickt wurden, um sich daselbst zu Ehren ihres Herrn „begaben" zu lassen, mit anderen Worten: um Geld für sich zu erpressen, so faßte der Frankfurter Rat um 1450 den Beschluß, keinem solcher Leute künftighin mehr etwas zu geben. Kleinere, weniger mächtige Städte freilich mußten sich solche Schatzung wohl oder übel gefallen lassen und mögen oft unter der rücksichtslosen Bettelei solcher Hofdiener nicht wenig gelitten haben. Unter den in der Stadt zu längerem oder kürzerem Aufenthalt zugelassenen Spielleuten aber hielt man strenge Zucht. In Speier wurde 1347 das nächtliche Umherziehen mit Pfeifen, Tamburinen, Orgeln, Guitarren, Harfen und anderen Saiteninstrumenten verboten, und eine ähnliche Bestimmung existiert für Frankfurt a. M. aus dem Jahre 1429. Daß man auch später noch dem Takt selbst der Stadtmusikanten nicht allzu viel zutraute, zeigt beispielsweise ein Nürnberger Ratsverlaß vom 6. Januar 1598, wo es gelegentlich der Vorbereitungen, die für das Einreiten des Kurfürsten-Pfalzgrafen Friedrich in Nürnberg getroffen wurden, heißt: „Den Stadtpfeifern zu sagen, fleißig aufzuwarten und sich nicht zu beweinen" (d. h. betrinken).

Direkt nötig hatte man übrigens die Spielleute, soweit sie Musikanten waren, nach wie vor bei allen feierlichen Anlässen. Ja, bei einigen Zeremonien war ihre Mitwirkung geradezu Vorschrift oder durch altes Herkommen geheiligte Sitte. Das bekannteste Beispiel hierfür ist das

Abb. 48. Dudelsackpfeifer, Blaterpfeifer und Bettelmönch. Aus den Randzeichnungen Albrecht Dürers zum Gebetbuche Kaiser Maximilians 1515.

sogenannte Pfeifergericht zu Frankfurt a. M. Es war dies eine alljährlich zur Zeit der Herbstmesse stattfindende feierliche Gerichtssitzung, zu der die Abgesandten einer Reihe von Städten, später, bis gegen den Schluß des 18. Jahrhunderts, noch von Worms, Bamberg und Nürnberg, früher auch von Straßburg, Köln und einigen niederdeutschen Städten, mit ihren Trompetern und Pfeifern erschienen, um nach Überreichung symbolischer Gaben, als Handschuhe, Pfeffer u. s. w., vom Schultheißen als dem Vertreter des Kaisers die Bestätigung der Zollfreiheit und Meßprivilegien entgegenzunehmen. Versammlungen und Wettkämpfe der zahlreich zu dieser Zeremonie zusammengeströmten Musikanten gingen damit in der Regel Hand in Hand. Eine ähnliche rituelle Verwendung fanden die Spielleute beim Wetterauischen Wassergericht, und auch sonst führt Stosch noch eine ganze Anzahl von Fällen an, in denen die Mitwirkung von Spielleuten geradezu von Rechts wegen gefordert wurde. So sollte nach einem elsässischen Weistum vom Jahre 1354 den Winzern im Herbst ein Mahl bereitet werden, wozu sie selbst vier Hängelein oder Spruchsprecher — von solchen wird sogleich noch ausführlicher zu handeln sein — mitzubringen hatten. In ähnlicher Weise schrieb das Menchinger Vogtsrecht von 1441 den Frohndienste leistenden Bauern vor, sich einen Pfeifer zu halten, der ihnen zur Mahd voranschritte und des Abends wieder heim pfiffe; und das Sigolzheimer Hofrecht vom Jahre 1320 bestimmt, daß man den Köhler und den Zimmermann, wenn sie den Zins bringen, wohl empfangen und ihnen, wenn es Nacht wird, ein Strohlager bei dem Feuer bereiten, auch einen Geiger gewinnen solle, der ihnen geige, damit sie entschlafen, und einen Knecht, der ihres Gewandes hüte.

Im übrigen blieben die Gelegenheiten, bei denen die Spielleute ihre Hauptthätigkeit entfalteten, zunächst ziemlich die gleichen wie bisher. Nach wie vor zogen sie den Reichstagen, den Turnieren, doch auch den Zunftfesten der Bürger und Handwerker, den Jahrmärkten, den Frühlings- und Erntefesten der Bauern nach. Geteilter Meinung scheint man nur darüber gewesen zu sein, ob auch zur heiligen Weihnachtszeit die lustige Musik der Spielleute ertönen dürfe. Im allgemeinen scheint sie als eine Entweihung des hohen Festes empfunden worden zu sein, wie denn z. B. nach einem Lauterbacher Weistum vom Jahre 1589 vom ersten Adventssonntag bis zum Dreikönigstag Musik und Tanz verboten waren. Andere Rechte waren nicht so rigoros, beschränkten das Verbot auf eine kürzere Zeitspanne oder gestatteten wie das Münchener Recht vom Jahre 1347 geradezu, den Spielleuten — doch wohl für irgend eine Leistung — um Weihnachten eine Gabe zu reichen.

Die Instrumente der Spielleute sind in diesem wie im voraufgehenden Zeitabschnitte wesentlich die gleichen. Eine Wismarer Spielleuteverordnung vom Jahre 1343 nennt ausdrücklich die Fiedel, Pfeife, Pauke, Posaune, Rotte und „Flügel oder Harfe". Gegen den Schluß des Mittelalters gewinnt daneben die Sackpfeife, der Dudelsack, insbesondere beim niederen Volk rasch an Beliebtheit. Wenigstens ist er auf Abbildungen aus der Wende des 15. Jahrhunderts ungemein häufig anzutreffen, wie unsere Abb. 46, 48—50 zeigen, unter denen der treffliche Kupferstich von Albrecht Dürer aus dem Jahre 1514 vom künstlerischen Standpunkt ohne Zweifel den ersten Platz einnimmt. Im 17. Jahrhundert wird der Dudelsack sogar hoffähig, und es haben sich schön aus Ebenholz und Elfenbein gearbeitete Exemplare mit einem von buntem Sammet umgebenen Windschlauch erhalten, die aus dem Besitze fürstlicher Spielleute stammen. Ähnlich erging es den Bauernlyren oder Drehleiern, wie eine solche von dem zerlumpten und verwilderten Kerl auf unserer Abb. 78, der Nachbildung einer holländischen Radierung des 17. Jahrhunderts, gehandhabt wird. Endlich mag von den Instrumenten der Spielleute etwa noch das Hackbrett oder Cimbal, das schon im 12. Jahrhundert erscheint, doch erst seit der zweiten Hälfte des Mittelalters häufiger wird, hier Erwähnung finden. Es ist bekanntlich ein früher Vorläufer unseres Klaviers.

Aber der Einfluß der mächtigen Entwicklung des Städtewesens auf die fahrenden Leute — um damit den Faden unserer Schilderung wieder aufzunehmen — erschöpft sich mit den angedeu-

III, 1, e. Spruchsprecher, Ehrenholde 59

Abb. 49. Eulenspiegel (charakterisiert durch eine Eule) einem musizierenden Bettler nebst Weib und Kindern voranschreitend. Kpfr. von Lucas van Leyden 1520. Berlin, Kupferstichkabinet. B. 159.

teten Veränderungen noch keineswegs. Noch eine ansehnliche Zahl weiterer Existenzen wurde durch sie dem fahrenden Leben teilweise dauernd entzogen. So gehörte beispielsweise der Nürnberger Spruchsprecher (Abb. 52), der seit dem 15. Jahrhundert im städtischen Dienst nachweisbar ist, seinem Wesen nach ohne Zweifel zur Klasse der Spielleute. Wie die Stadtpfeifer die Musik, so vertrat er

60 III, 1, c. Ihre Aufdringlichkeit und Unverschämtheit

Abb. 50. Dudelsackpfeifer. Kpfr. von A. Dürer 1514. Berlin, Kupferstichkabinet. B. 91.

verwandt sind sie auch mit den kaiserlichen Ehrenholden, die gewissermaßen die höchste Stufe im Kreise der Sprecher einnehmen und oft in wichtigen Missionen als Abgesandte der kaiserlichen Majestäten fungieren. So überbringt 1475 der Ehrenhold „Romreich oder Romerich" Herzog Karl dem Kühnen von Burgund den Absagebrief Kaiser Friedrichs III. „Mit dem Briefe nach dem burgundischen Lager abgefertigt," erzählt uns Johann Jakob Fugger in seinem Ehrenspiegel, „steckte er den Brief in eine lange Kluppen (Mappe), nahm zu sich seinen goldenen Persevantenszepter, an welchem der kaiserliche Adler samt allen kaiserlichen Erblandswappen eingestickt zu sehen waren, und ritt also mit einem Trompeter nach des Feindes Lager." Im 16. Jahrhundert wird in den Nürnberger Ratsverlässen mehrfach der Ehrenholde „Deutschland" und „Jerusalem", des Benedikt Edelbeck oder Edelpöck, Pritschenmeisters Erzherzog Ferdinands von Österreich, und anderer Erwähnung getan. Jerusalem dedizierte 1526 dem Rat eine Aufzeichnung über ein in Nürnberg stattgehabtes altes Turnier — vielleicht das sagenhafte von 1198 — und erhielt dafür 16 Gulden verehrt. Manchmal scheuten sich freilich auch diese Ehrenholde nicht, die Orte, durch die sie kamen, die Obrigkeiten, zu denen sie in Beziehung traten, in weniger zarter und verblümter Weise um ein Geschenk — „Opfergeld" heißt es im 16. Jahrhundert — anzugehen.

das gesprochene Wort, die Kunst der gebundenen Rede. Bei größeren Hochzeiten erscheint er an der Spitze der Hochzeitlader, die etwa den Lohndienern oder Ceremonienmeistern von heutzutage entsprechen; ebenso figuriert er bei den offiziellen Veranstaltungen des Rats und nicht minder bei den Festen der Handwerker, überall mit seinen Sprüchen zu Lob und Ehr' der Festgeber dienend.

Daß auch anderwärts ähnliche Erscheinungen nichts ungewöhnliches sind, geht bereits aus dem oben angeführten Citat hervor. Die seßhaften wie die fahrenden „Sprecher" haben sich vorzugsweise aus den alten Wappendichtern und Herolden oder Kroijierern entwickelt, wie sich denn auch Rosenplüt, der 1444 als Büchsenmeister in den Dienst der Stadt Nürnberg trat, gelegentlich noch als „der Wappen ein Nachreiser" bezeichnet. Nah

Ein paar Nürnberger Ratsverlässe über den kaiserlichen Ehrenhold Peter Fleischmann sind dafür bezeichnend genug. Das eine Mal (6. Juni 1581) heißt es, daß man Fleischmanns „bettlerisch und schmarotzerisch Schreiben, ihm etwas in seiner Hausfrauen Kindbett zu verehren und ihn dadurch allein (d. h. wenn auch nur) ad marginem in meiner Herren Honorregister verzeichnen zu lassen, wie die früheren Bettelbriefe dieses Gimpels auf sich erfitzen (d. h. beruhen) lassen" solle. Aber bald darauf (30. September 1581) ist von Peter Fleischmann schon wieder ein „Memorial oder Anmahnungszettel um eine Hochzeitsverehrung" eingelaufen, worauf ihm dann angezeigt

III, 1, d. Die Frauenhäuser in den Städten 61

wird, „daß meine Herren jetzt nicht Gelegenheit hätten, mit solchen Sachen umzugehen; wenn's aber einmal zu einem Reichstag käme, möchte er wieder ansuchen." Hinsichtlich der Bescheidenheit unterschied sich also diese Art von Trabanten in der Regel nicht wesentlich von jenen fürstlichen Spielleuten, von denen schon die Rede gewesen ist.

Alles in allem ist jedoch die Zahl derjenigen aus dieser Gruppe, die, wie etwa der Nürnberger Spruchsprecher, in der zweiten Hälfte des Mittelalters zu einem seßhaften Leben gelangten, wie die ganze Gruppe selbst keineswegs besonders groß. Weit stärkeren Einfluß übt das Emporkommen der Städte auf bestimmte Klassen aus dem weiteren Kreise der fahrenden Leute. So namentlich auf die fahrenden Weiber, die, soweit sie sich lediglich von der Unzucht nährten, nun immer zahlreicher die größere Nachfrage in den volkreicheren Städten und zugleich den Schutz, den geordnete Zustände und mildere Sitten gewähren, aufsuchten. Bei diesem mächtigen An-

Abb. 51. Blasende Herolde. Holzschnitt von Hans Guldenmund aus der Belagerung Wiens durch die Türken. 1529. Sammlung Jos. Wünsch, Wien.

Abb. 52. Nürnberger Spruchsprecher. Kpfr. von Joh. Alex. Boener 1689. Nürnberg, Stadtbibliothek.

drang sehen sich die städtischen Obrigkeiten seit dem 13. Jahrhundert immer häufiger genötigt, zur besseren Überwachung der Unzucht oder, wie der Verfasser der Zimmernschen Chronik sagt, „um die Jugend zu ziehen und mit etwas Bösem Ärgeres zu verhüten," zumeist hinter der Stadtmauer gelegene Frauenhäuser einzurichten, in denen die „schönen Frauen" (Augsburg), „gemeinen Töchter," oder wie das spätere Mittelalter die Insassinnen der Frauenhäuser sonst benennt, unter der Aufsicht eines Frauenwirts oder einer Kuppelmutter standen. Bis ins einzelne ausgearbeitete Ordnungen setzten die beiderseitigen Rechte und Pflichten fest und gewährten den Dirnen, die gewissermaßen als Staats- oder Gemeindeeigentum betrachtet und geschätzt wurden, gegen eine zu leistende Abgabe nicht selten ansehnliche Privilegien, die sie rechtlich weit über die fahrenden Frauen der Landstraße erhoben. Anfangs scheint diese neue Einrichtung wohl hier und da den Unwillen namentlich der Geistlichkeit wachgerufen zu haben, und besonders ist es wieder Berthold von Regensburg, der mit strengen Worten gegen „die gemeinen Fräulein" eifert, die nicht Fräulein heißen sollten, „denn sie haben alle Frauenwürde verloren, und wir nennen sie die bösen Häute auf dem Graben, denn sie entziehen Gott alltäglich viele Seelen und überantworten sie dem Teufel, sodaß ihrer nimmer Rat wird." An einer anderen Stelle verurteilt er das herausfordernde und kokette Benehmen, das manche Damen zur Schau trügen, und ihre auffällige Kleidung, denn eine solche „sollten doch nur die Jüdinnen und die Pfäffinnen und die bösen Häute tragen, die da auf dem Graben gehen: die sollen gelbes Gebände tragen, damit man sie erkenne." In den folgenden Jahrhunderten jedoch nahm bei der stetig steigenden Unsittlichkeit die sittliche Entrüstung gegenüber dem Gewerbe der gemeinen Weiber mehr und mehr ab, wofür kennzeichnend genug ist, daß beispielsweise bei den Patrizierhochzeiten und sonstigen Festlichkeiten, die auf dem Nürnberger Rathause im 15. Jahrhundert abgehalten wurden, gelegentlich auch die gemeinen Dirnen der Stadt zum Tanze erscheinen durften, Kaiser und Fürsten sich nicht scheuten, die Frauenhäuser der Stadt zu besuchen u. s. f. Diese laxe Auffassung der Zeit

Die Landtsknechts hůr.

Wan nit wer das fressen vñ sauffen,
Ja ich wolt dir nit lang nach lauffen.
Solt ich vmb sonst lang naby trabē,
Ließ dich wol die Frantzhosen haben,
Wolt wol dahaymen sein belyben,
Vnd wolt das neen haben tryben.

Abb. 53. Das Landsknechtsliebchen. Holzschnitt in der Art des Martin Weygel um 1560—70. Nürnberg, Germanisches Museum.

Abb. 54. Fahrende Weiber mit Säuglingen. Holzschnitt in der Art des J. Wechtlin. 16. Jahrhundert. Gotha, Kupferstichkabinet.

hatte selbstverständlich eine gewaltige Zunahme der Prostitution überhaupt zur Folge. So ist uns bezeugt, daß sich zu dem Konzil zu Konstanz etwa 700 liederliche Frauenzimmer — Ulrich von Richenthal spricht in seiner Geschichte des Konzils sogar von 1400 — in der Stadt eingefunden hatten, von denen eines nicht weniger als 800 Goldgulden verdiente. Auch kommt es nicht selten vor, daß Frauen und Mädchen von ihren Männern oder Eltern Schulden halber einem Frauenwirt versetzt werden, was als erlaubt galt, sobald es nur mit Einwilligung der betreffenden Mädchen oder Frauen geschah. In Speyer will einmal ein Strolch seine Geliebte für eine Woche gegen eine geringe Barzahlung im Frauenhause versetzen. Gegenüber solchen fluktuierenden Elementen betrachteten sich die eingesessenen privilegierten Dirnen nachgerade als eine Art höhere Kaste, wie sie sich denn z. B. in Paris thatsächlich zu einer zunftartigen Verbindung zusammenschlossen. Dieselbe hatte ihre bestimmten Satzungen und verehrte als Schutzpatronin die heilige Magdalena, deren Tag durch eine Prozession feierlich begangen wurde. Anderwärts standen sie auch wohl unter dem Schutze der heiligen Afra. Natürlich fehlte es nicht an Reibereien und Anfeindungen zwischen den Inwohnerinnen der Frauenhäuser und den übrigen der Unzucht ergebenen Dirnen, die, an Zahl stetig wachsend, den Fortbestand der öffentlichen Häuser nicht selten in Frage stellten. So beschweren sich 1492 „die gemeinen Frauen im Tochterhause" zu Nürnberg in einer längeren Supplikation, deren Echtheit wohl mit Unrecht bezweifelt worden ist, über die Konkurrenz, die ihnen durch verschiedene Wirte, die gleichfalls Dirnen unterhalten, sowie durch die umherschweifenden Frauen erwächst, und bitten einen wohlweisen Rat um Abhilfe, da sie, wenn es nicht bei dem alten Herkommen, Recht und Sitte bleibe, notwendig Hunger und Kummer leiden müßten. Ein anderes Mal (1505) stürmen und demolieren diese streitbaren „armen Töchter" des Frauenhauses, wie sie sich nennen, eine solche Winkelwirtschaft am Fuß der Burg, und 1538 wiederholte sich dieser Vorfall. Aus gleichem Anlaß, weil nämlich, wie sich der Chronist ausdrückt, „ein solches verwegenes und freches Wesen bei etlichen Weibsbildern worden, daß die armen Dirnen im Frauenhaus sich nicht mehr ernähren konnten," verließen einst diese zu Meßkirch „mit fliegendem Fähnlein" d. h. einem Tuch, das sie an einen Stecken gebunden hatten, das Haus und die Stadt. Das Haus ward verkauft; „und bedarf man eines solchen Hauses dieser Zeit gar nicht mehr, eine solche große Leichtfertigkeit ist in der Welt." Charakteristisch für die Unsittlichkeit, wie sie vielfach auch in den kleinen Städten sogar noch im 18. Jahrhundert herrschte, ist, wie diese Nachricht über Meßkirch, auch eine Notiz zum 16. März 1779 in der zweiten handschriftlichen Fortsetzung von Schorers Memminger Chronik (cod. 4° 2, 44 der Memminger Stadtbibliothek). „Dieser Tage," so heißt es da, „wurde ein totes Kind auf der Schwelle des Frauenhauses gefunden; man zitierte vierzig solcher Dirnen aufs Rathaus und eine Hebamme visitierte alle; wurden aber so ehrlich befunden als sie wirklich noch sind."

Einen ähnlichen Einfluß wie auf die fahrenden Frauen, nämlich einerseits geordnetere Zustände und größere Seßhaftigkeit schaffend, andererseits aber auch eine rasche Zunahme bewirkend, übten die emporblühenden Städte seit dem ausgehenden Mittelalter auch auf das eigentliche Bettlertum aus. Die zahlreichen Wohlthätigkeitsstiftungen der Städte für Arme und Kranke, die durch die Freigiebigkeit wohlhabender Bürger und den die Welt verachtenden, dem Himmel zugewandten Sinn der Zeit ins Leben gerufen worden waren, bildeten einen mächtigen Anziehungspunkt für Bedürftige wie auch für Gesindel aller Art, und es kann nicht zweifelhaft sein, daß eben diese milden Stiftungen das schon infolge der oben angedeuteten Zeitverhältnisse gewaltig angewachsene Bettlerunwesen noch wesentlich gefördert und, weit entfernt, solches zu beabsichtigen, der Lüge, Heuchelei, Betrügerei und Arbeitsscheu unter den Bettlerscharen mächtig Vorschub geleistet haben. In den Städten gab es die „Elendenherbergen," die ursprünglich durchreisenden Pilgern ein Obdach zu gewähren bestimmt gewesen waren, und zahlreiche kleinere und größere Stiftungen von Seiten frommer Leute suchten das Los der darin einkehrenden Fremden zu verbessern. So ward der Elendenherberge zu Bruchsal ein Legat ausgesetzt, aus dessen Erträgnis den aufgenommenen Fremden jeden Abend Erbsenbrühe bereitet werden sollte. Ebenso wurden der Elendenherberge zu Frankfurt 1455 900 Gulden vermacht zu Schenkungen an „die armen, notdürftigen, wandernden Leute, die darin beherbergt werden, sie damit zu speisen, zu tränken und zu trösten," und der Frankfurter Rat bestimmte, daß für dies Geld „den elendigen Leuten" Wein gekauft werden solle. In gleicher Weise wurden Kerzen, Handtücher u. s. f. oder das Geld dazu in diese Herbergen gestiftet, gelegentlich außer der wohl nie fehlenden Hauskapelle mit Almosenstock auch ein kleines Spital oder ein Backhaus mit denselben verbunden u. s. f. Auch sonst wetteiferte in den Städten überall die private mit der öffentlichen Wohlthätigkeit. Eine förmliche Armensteuer wird schon 1256 auf dem zu Würzburg tagenden rheinischen Städtetag festgesetzt, und für arme Abgebrannte oder Vertriebene war stets Geld in der Stadtkasse, während die städtischen Armen durch Holzspenden, gelegentlich auch durch Austeilung von Speise und Trank unterstützt wurden. Die reichen Privatleute dagegen gründeten Spitäler, Armenanstalten, Sundersiechenhäuser, die weniger bemittelten stifteten „Seelbäder," d. h. unentgeltliche Bäder für die Armen, Stipendien für arme Schüler und unzählige andere „Almosen". Die ganze Armenpflege, die in der ersten Hälfte des Mittelalters noch so gut wie ausschließlich in den Händen der Kirche gelegen hatte, ward seit dem 13. Jahrhundert mehr und mehr von den weltlichen Behörden, von den Ge-

Abb. 55. Soldatentroß mit Weibern. Kpfr. von Franz Brun. 1559. Nürnberg, Germ. Museum. B. 62.

Abb. 56. Bettlerfamilie auf freiem Platz. Holzschnitt vom Meister des Trostspiegels aus: Cicero, officia. Augsburg, Steyner, 1532.

meinden übernommen, und diese schoffen, von der privaten Wohlthätigkeit ausgiebig unterstützt, nicht selten über das erstrebenswerte Ziel hinaus. So kommt es, daß gegen den Schluß des Mittelalters ein Bettlertum großgezogen war, das sich von ähnlichen Erscheinungen früherer Zeiten durch Menge und Mannigfaltigkeit sehr wesentlich unterscheidet und gegen dessen Überhandnehmen und schlimmste Auswüchse dann auch die Obrigkeiten alsbald wieder einzuschreiten sich gezwungen sehen. So kommt es, daß insbesondere das 15. und 16. Jahrhundert den zweifelhaften Ruhm beanspruchen dürfen, die höchste Blütezeit des deutschen Bettlertums, „das goldene Zeitalter der Bettelei" gewesen zu sein.

Da waren zunächst wieder die mit schweren körperlichen Gebrechen und daher zu keinerlei regelrechter Arbeit tauglichen Armen, die Blinden und Lahmen, Krüppel aller Art, die, um Gottes willen Gabe heischend, namentlich die Kirchentüren umlagerten, dazu die vielen Aussätzigen, die ganz besonders zum Betteln privilegiert waren, meist aber nur ganz bestimmte Plätze einnehmen durften und sich bei größeren Volksansammlungen wegen der Gefahr der Ansteckung fernhalten mußten. Zuweilen war es der großen Masse derselben überhaupt verboten, in die Stadt selbst hereinzukommen; sie durften nur einige wenige aus ihrer Mitte entsenden, damit diese für sie Almosen sammelten. Dazu kamen, wie wir gleichfalls bereits früher sahen, Pilger der verschiedensten Art, denen etwa auf ihrer Wallfahrt das Geld ausgegangen war oder die sich überhaupt von Ort zu Ort bettelten, wobei auch an die halbgeistlichen Genossenschaften der vielfach vom Bettel lebenden Beghinen und Begharden, an die herumziehenden Geißler (vgl. Abb. 40) und andere Erscheinungen ähnlicher Art zu erinnern wäre. Johann Geiler von Kaisersberg, der große Straßburger Kanzelredner, schildert uns in der „Christenlich Bilgerschafft zum ewigen Vatterland" gelegentlich das Treiben solcher Wallbrüder. „So der Pilger," sagt er, „also nichts mehr hat, so geht er in die großen Städte, da etwann barmherzige Leute sind. Da bettelt er von einer Gassen zu der andern, bis er

III, 1, e. Bettelei als Beruf 67

Abb. 57. Bettler und Kranke vor einer Kirche. Holzschnitt vom Meister des Trostspiegels aus: Cicero, officia. Augsburg, Stepner, 1532.

wieder etwas überkommt, daß er seine Fahrt vollenden möge. Er lugt, daß ihm ein Zeichen werde oder daß man ihm erlaube, daß er da betteln möge; und so man ihm drei Tage erlaubt, so schlägt er vier dazu, daß ihrer sieben werden, und dann gesellt er sich zu einem weisen Bettler, der wohl betteln kann (d. h. sich aufs Betteln versteht), sodaß, wohin er kommt, man ihn nicht abweist. Der weiß dann die Gassen, wo er betteln soll: in der Gasse giebt man am Sonntag Hälblinge (halbe Pfennige), in der am Montag Muß, und also für und für weiß er in einer jeden Gasse, was man auf jeden Tag giebt, und also weiß er die ganze Woche alle Tage, wo er hin soll gehen und was man giebt."

Wir bekommen durch diese Stelle in Geilers Predigten zugleich einen Einblick in die Technik des Bettelns in den letzten Zeiten des Mittelalters, in denen die Bettelei geradezu als eine Art Gewerbe angesehen wurde, wie denn in den Frankfurter Beedbüchern eine ganze Anzahl Leute lediglich als Bettler, also als Bettler von Beruf, amtlich bezeichnet werden. Auch in den seit dem 16. Jahrhundert immer häufiger werdenden Bettlerordnungen, auf die wir weiter unten noch werden zurückkommen müssen, wird die einheimische Bettelei durchaus als zu Recht bestehend angesehen und zumeist gegen die fremden Bettler, die, wie ein Lübecker Ratsedikt von 1675 sich etwas derb ausdrückt, „den rechten Armen das Brot vor dem Maule hinwegnehmen," nachdrücklich in Schutz genommen. Besonders aber fahndete man auf Betrüger, die sich massenhaft unter dem Bettelvolk befanden. Als der Rat der Stadt Breslau 1525 einmal die zahlreichen Bettler, die vor allen Kirchthüren lagen, visitieren ließ, damit nur die wirklich bedürftigen des Almosens teilhaftig, die anderen aber der Stadt verwiesen würden, fand sich zu diesem Schauspiel zufällig auch der Henker ein. Weil aber, berichtet der Chronist weiter, „unter den Bettlern viel loser Buben, die ihre Beine und Schenkel mit Blut, toten Krebsen und anderm beschmiert und verbunden, damit sie nur scheußlich aussehen und übel stinken sollten, und solche Buben den Scharfrichter ersahen, vermeinten sie nicht anders, als der Henker sollte und würde sie examinieren. Darum machten sie sich schnell und geschwinde auf und liefen zur Stadt hinaus. Also ward man dieser unverschämten Gesellen und mutwilligen Buben los."

Liber Vagatorum
Der Betler orden

Abb. 58. Titelholzschnitt einer Ausgabe des Liber Vagatorum ca. 1510.
s. L et s. Nürnberg, Germanisches Museum. Weller 552.

Eben diese betrügerischen oder, wie man sie zu nennen pflegte, „starken Bettler" (validi mendicantes) aber, die zu den gewaltigen das Land durchziehenden Bettlerscharen das Hauptkontingent stellten, geben dem Bettlertum der Zeit recht eigentlich sein Gepräge. Die bedeutendsten der zeitgenössischen Schriftsteller, wie Sebastian Brant, Geiler von Kaisersberg, Luther, Thomas Murner, Pamphilus Gengenbach und andere haben sich auf das eingehendste, der eine in dieser, der andere in jener Weise, mit der Erscheinung beschäftigt und vor allem darauf hinzuwirken gesucht, daß durch ein möglichstes Bekanntwerden der betrügerischen Machenschaften so vieler Bettler das gabenspendende Publikum zu größerer Vorsicht erzogen und die Unterstützung unwürdiger, arbeitsscheuer Gauner nach Möglichkeit vermieden werde. Diesem Zweck dient vor allem auch ein Büchlein, dessen zahlreiche Ausgaben von seiner großen Beliebtheit während des 16. und 17. Jahrhunderts beredtes Zeugnis ablegen. Es ist „Liber Vagatorum, Der Betler orden" betitelt und scheint zu Ende des 15. Jahrhunderts zuerst von Basel in Druck ausgegangen zu sein. Das Titelblatt einer etwas späteren Ausgabe giebt unsere Abb. 58 wieder. Der Holzschnitt darauf ist verwandt mit einem anderen aus Sebastian Brants Narrenschiff (Ausgabe von 1494) — vgl. Abb. 59 — wo die Schellenkappe, die der Vater der kinderreichen Bettlerfamilie trägt, andeuten soll, daß ihm, wie es die Tendenz des Buches erfordert, der Schelm im Nacken sitzt oder, wie Brant sagt, „ein Schelmenbein im Rücken steckt," daß es sich also um betrügerische Bettler handelt. Wir werden das gleiche daher auch für das Bettlerkleeblatt jenes anderen Holzschnittes annehmen und dementsprechend voraussetzen dürfen, daß der darauf dargestellte Mann eigentlich über zwei ganz gesunde Füße verfügt und das Kind, in ähnlicher Weise Verkrüppelung oder Verstümmelung heuchelnd, den einen Arm weggebunden trägt. Bei anderen Abbildungen von Bettlern, deren namentlich das 15. und 16. Jahrhundert eine ansehnliche Zahl in Holzschnitt, Kupferstich und Radierung hervorgebracht hat, läßt sich natürlich nicht immer mit Sicherheit konstatieren, ob und wie weit wirkliche Krüppel und Bettelleute, wie weit betrügerische Landstreicher und Tagediebe gemeint sind.

Auf dem interessanten Bilde zum Beispiel, auf dem Hieronymus Bosch eine ganze Anzahl verschiedener Bettlertypen vereinigt hat (vgl. Abb. 60), machen zwar die meisten der dargestellten Gestalten den Eindruck bedauernswertester, krüppelhaftester Geschöpfe. Bei anderen dagegen scheint ein ernstlicheres Gebrechen zweifelhaft, und überdies ist das Ganze durch die karikierende Hand des Künstlers in eine humoristische Sphäre gerückt und an die Spitze des Trupps ein auf der Laute spielender Narr gestellt, sodaß wir selbst hier wieder an dem Ernst der verschiedenen darauf dargestellten schrecklichen Leiden irre werden könnten. Denn wie verbreitet und raffiniert die Betrügereien dieser Leute waren, das lernen wir zur Genüge aus der einschlägigen Litteratur, vor allem aber aus dem Liber Vagatorum, der in anderen Ausgaben, die eine Vorrede Martin Luthers aufweisen, geradezu „Von der falschen Bettler Büberei" betitelt ist und in der That nur in einem ganz kurzen ersten Abschnitte von den ehrlichen Bettlern und Hausarmen handelt, die gern vom Betteln lassen würden, wenn sie sich und die ihrigen mit ihrer Hände Arbeit ernähren könnten. „Diesen Bettlern," heißt es, „ist wohl zu geben, denn es ist wohl angelegt." Der folgende Absatz wendet sich sofort zur „Büberei".

Besonders zahlreich sind wohl zu allen Zeiten unter den Bettlern, die sich auf Lug und Trug verlegten, solche gewesen, die vorgaben, lange krank gewesen und dadurch um Gut und Verdienst gekommen zu sein, ein Betrug, der ja auch heute noch von den Landstreichern viel geübt wird. Einige haben dann, wie sie sagen, zum Dank für ihre endliche Genesung „eine schwere Fahrt" zu irgend einem Heiligen gelobt und müssen sich nun die Mittel dazu — doch lediglich von unverleumdeten Leuten — zusammenbetteln, womit sie, wie der Liber Vagatorum meint, namentlich die Frauen ködern. „Dutzer" heißen solche Bettler in der Gaunersprache. Andere geben sich für Kaufleute aus, die eine Geschäftsreise über Meer gemacht haben und auf derselben beraubt sein wollen („Kandierer"), oder für Unglückliche, die ihre ganze Habe durch Brand verloren haben, worüber sie falsche Bestätigungsbriefe vorweisen, oder auch für Edelleute, Krieger, Händler u. s. w., die viele Jahre bei den Ungläubigen gefangen gelegen sein wollen oder auf den Galeeren Sträflingsdienste verrichten mußten („Loßner"). Nachdem sie aber ein Gelübde gethan, sind ihre Ketten aufgegangen oder zerbrochen und sie unversehrt davon gekommen. Zuweilen auch tragen sie zum Zeugnis der Wahrheit noch einen Teil der Kette mit sich herum. Dieser Art Bettler begegnet man am häufigsten in den Zeiten der Türkenkriege im 16. und 17. Jahrhundert. Die Nürnberger Ratsverlässe wimmeln geradezu von Notizen über Leute, die von den Türken „ranzioniert" (ausgeplündert) worden oder lange bei ihnen in Gefangenschaft gewesen sein wollen, wobei dann zuweilen die abenteuerlichen Namen, die sie sich beilegen, wohl auf eine Betrügerei schließen lassen könnten. Dennoch erhalten sie in den weitaus meisten Fällen einen oder zwei Gulden von der Stadt zum Geschenk. Dagegen bestimmt z. B. die Zellische Polizeiordnung von 1724, daß „Bettler und ander dergleichen Gesindel, so mit Brand-

Abb. 59. Bettlerfamilie auf der Landstraße. Holzschnitt aus: Sebastian Brant, Narrenschiff. Basel, J. Bergmann von Olpe, 1494.

Abb. 60. Allerlei Arten der Kunst des Bettelns. Kpfr. von Hieronymus van Acken (Hieronymus Bosch). 17. Jahrhundert. München, Kupferstichkabinet. Meyer K. L. 29.

briefen oder als von den Türken Gefangene im Lande umherstreichen ohne Vorzeigung eines Scheines nicht zu dulden" sind. Eine besondere Spezialität sind sodann diejenigen betrügerischen Bettler, die behaupten, in Notwehr jemanden umgebracht zu haben und nun das Bußgeld zusammenbetteln zu müssen; sonst werde ihnen das Haupt abgeschlagen. Solche bezeichnet die Gaunerlitteratur als „Sundfeger", während sie unter „Sundfegerinnen" Frauenzimmer versteht, die sich für bekehrte und reuige Dirnen ausgeben und „um St. Mariae Magdalenae willen" um Almosen bitten. Die „Dallinger" hinwider wollen Henker gewesen sein, nun aber schon seit Jahren ihr Leben in Reue und Buße verbringen. Sie schlagen sich mit Ruten und betteln dabei. Wenn sie das eine Weile mit Nutzen getrieben haben, heißt es im Liber Vagatorum, „so werden sie wieder Henker wie zuvor".

Mehr noch als bei den vorerwähnten Betrügern wird die Religion ins Spiel gezogen und auf das religiöse Empfinden des Publikums spekuliert von einer anderen großen Gruppe von Bettlern. Da gab es zunächst eine ansehnliche Zahl solcher, die sich betrügerischer Weise als Jerusalem- oder Compostellapilger gerierten, mit Muschelhut und Pilgerstab auftraten, fromme Sprüche im Munde führten, auch wohl allerlei falsche Heiligtümer feilboten, wie

> „Das Heu, das tief vergraben lag
> Unter der Krippen zu Betlehem;
> Das sei von Bileams Eselbein,
> Eine Feder von St. Michaels Flügel
> Auch von St. Jörgen Roß ein Zügel
> Oder die Bundschuh von St. Claren"
>
> (Seb. Brant).

Andere bettelten als Begharden oder ließen sich eine Platte scheren und erteilten als Priester um Geld Ablaß oder sammelten angeblich für einen Heiligen oder zum Bau einer Kirche und wiesen gefälschte Briefe und Siegel darüber vor („Desbisser" oder „Dopfer").

Natürlich stellte zu dieser Gruppe betrügerischer Bettler ein ansehnliches Kontingent der geistliche Stand selbst, denn vagierende Kleriker und namentlich fahrende Schüler und verbummelte Studenten gab es nach wie vor in bedeutender Zahl. Insbesondere von letzteren sagt einmal Geiler in einer seiner Predigten: „diese ziehen nachmals, wenn sie die Völlerei (d. h. Wohlleben und Nichtsthun) gewohnt geworden sind, in dem Lande herum; der eine wird ein Gaukler oder Spielmann, der andere ein Tellerschlecker, der dritte ein Theriakskrämer, der vierte ein Bader, der fünfte eine Hänselein oder sonst ein Lotterbub, wenn es anders so wohl gerät, daß sie nicht etwa gar zu Schelmen oder Dieben werden". Gerade aber auch dies war sehr vielfach der Fall, und ebenso wie der Liber Vagatorum den „Kammesierern" und „Vagierern", die es sich zur besonderen Aufgabe machen, „die Houtzen zu besefeln" d. h. die Bauern zu betrügen, besondere Abschnitte widmet, so redet auch Heinrich Bebel (1508) von den betrügerischen Scholastici, die den Bauern mit allerlei Vorspiegelungen zu Leibe gingen, Murner in seiner Narrenbeschwörung von den „bubelierenden" Studenten, in der zweiten Hälfte des 16. Jahrhunderts H. W. Kirchhoff, der Verfasser der umfangreichen Schwanksammlung „Wendunmut", von dem „vor alten Jahren" bestanden habenden „sonderlichen Orden etlicher böser, fauler Betrüger und nichtsnutziger Buben, die, ob sie schon nicht studierten, betrogen sie doch

Abb. 61. Pilger. Holzschnitt aus: Heiligenleben. Straßburg, Hupfuff. 1513.

Abb. 62. Pilger und Bettler auf der Landstraße. Holzschnitt aus: Petrarka, Trostspiegel. Augsburg, Steyner, 1539.

mit mancherlei geschwinden Griffen, Aufsätzen (d. h. Ränken) und Aberglauben die armen einfältigen Bauern, alles nur darum, damit sie nicht zu arbeiten brauchten" u. s. f. Auch sonst wird der betrügerischen „Lesebengel", wie nach Balthasar Schupp im 17. Jahrhundert der gemeine Mann zu Hamburg „die Vaganten und Schüler, so vor den Thüren singen", nannte, noch ungemein häufig gedacht und viele Schwänke und Spitzbübereien sind uns von ihnen überliefert. Sehr beliebt war die Fiktion, die den Bauern besonders imponiert zu haben scheint, daß sie vorgaben, aus dem Venusberge zu kommen, wo sie die schwarze Kunst gelernt hätten. Natürlich gaben sie dann ihre okkulten Kenntnisse im Wahrsagen, Goldmachen, Schatzgraben u. s. w. nur gegen Bezahlung, Verköstigung oder zum mindesten ein Nachtquartier den aufhorchenden Bauersleuten preis und suchten diese stets nach Möglichkeit zu beschwindeln und ihnen das Geld aus der Tasche zu locken. Um einen Vorwand dazu und Erfindungen aller Art waren namentlich die Goldmacher und die Schatzgräber („Sefelgraber"), die zum Gelingen des Werkes, wie sie

sagten, viele Messen lesen lassen mußten, doch auch die übrigen fahrenden Schüler selten verlegen.

Nicht immer freilich glückten ihnen ihre Streiche, und die klügeren unter den Bauern und Bürgern, bei denen sie sich als ungeladene Gäste einfanden, werden auf ihr hochfahrendes „hier kommt ein fahrender Schüler, ein Meister der sieben freien Künste" schon die richtige Antwort zu geben gewußt haben, wie Jener Wagenmacher in den „Facetien" Heinrich Bebels — die Anekdote findet sich ähnlich auch bei anderen Schriftstellern —, der, schon mehr als einmal gefoppt und betrogen, einem also auftretenden Studenten erwiderte: „Und ich weiß viel mehr als du. Denn mit meiner einen einzigen Kunstfertigkeit ernähre ich mich selbst samt Frau und sieben Kindern; du aber kannst mit deinen sieben Künsten nicht einmal dich allein ernähren, sondern bettelst. Daher solltest du mich ehren, nicht ich dich".

Mehrfach und schon im Liber Vagatorum wird erwähnt, daß diese abenteuernden Bacchanten wohl um Kopf und Schultern wie eine Art Abzeichen gelbe gestrickte Netze getragen hätten, und in Worms bestand 1390 eine Bruderschaft der fahrenden Schüler. Im übrigen ist uns jedoch über eine umfassendere Organisation, einen engeren Zusammenschluß unter ihnen in dieser späteren Zeit nichts bezeugt. Jene Wormser Bruderschaft ging überhaupt wohl in erster Linie von solchen Bacchanten aus, die sich nicht durchaus auf die Faulenzerei, Bettelei und Betrügerei gelegt hatten, sondern mit den ihrer Obhut unterstellten jungen „Schützen" — wir würden heute eher sagen „Füchsen", doch handelt es sich bei den Schützen zumeist um Studentlein oder Lateinschüler sehr jugendlichen Alters — „den Schulen nachzogen", allerdings nur zu häufig aus diesem Herumziehen selbst eine Art Gewerbe machten, wobei dann die ihrer Pflege und ihrem Schutz befohlenen Kinder für sie betteln und auch wohl stehlen mußten oder im Weigerungsfalle Mißhandlungen aller Art zu gewärtigen hatten. Die anschaulichste Schilderung von dem Leben und Treiben dieser „Fahrenden" hat uns bekanntlich Thomas Platter (1499—1582), der selbst jahrelang das Elend des „Schützentums" zu kosten bekam, in seiner Selbstbiographie hinterlassen. Wir können jedoch auf diese ganze Erscheinung, die ihre Hauptursache in den mangelhaften Verkehrsverhältnissen jener Zeiten hatte, hier nicht näher eingehen, sondern wenden uns zurück zu dem Punkte, der für diese Abschweifung über die fahrenden Schüler der Ausgangspunkt war, zu den die Religion oder kirchliche Bräuche zum Deckmantel nehmenden betrügerischen Bettlern.

Zu diesen gehören unter anderen namentlich noch jene fahrenden Weiber, die der Liber Vagatorum mit dem Gaunerwort „Veranerinnen" bezeichnet. Sie gaben vor, getaufte Jüdinnen zu sein und den Leuten sagen zu können, ob ihr Vater, ihre Mutter sich in der Hölle befänden oder nicht, ein Gedanke, der auf der volkstümlichen jüdischen Lehre von der Hölle beruhte, wonach schon den Lebenden bisweilen gestattet sein sollte, einen Blick in dieselbe zu thun oder mit den Verdammten Gespräche zu führen. Für die erwünschte Auskunft ließen sie sich alsdann mit Röcken, Kleidern und anderen Dingen beschenken.

Eine weitere gleichfalls sehr ansehnliche Gruppe umfaßt alle diejenigen, die irgend ein körperliches Gebrechen simulieren und es in der Kunst, ihre Mitmenschen zu täuschen, nicht selten erstaunlich weit gebracht zu haben scheinen. Daß von solchen Bettlern oft Arme und Füße äußerst geschickt weggebunden wurden, damit sie als arme Krüppel sich mit um so größerem Nachdruck an mitleidige und mildthätige Herzen wenden könnten, wurde schon oben erwähnt. Dabei wollen dann die Einen ihren Arm oder ihre Hand im Kriege verloren haben, anderen ist der Fuß in einem schreck-

Abb. 63. Ein Bettler, der zur Hälfte als reicher Mann gekleidet ist. Holzschnitt eines unbekannten Meisters ca. 1600. Wien, Sammlung Jos. Wünsch.

Abb. 64. Mißgeburt. Kpfr. von Albrecht Dürer (1471—1528). Berlin, Kupferstichkabinet. B. 95.

lichen Gefängnis, in dem sie unschuldig lange Jahre geschmachtet haben, abgefault u. s. f. Alle diese Betrüger werden in der Gaunersprache „Klenker" genannt. Unter „Grantnern" dagegen verstand man gewöhnlich diejenigen, die die fallende Sucht heuchelten, vor den Kirchen unter schrecklichem Geschrei niederfielen, wohl auch Seife in den Mund nahmen und sich mit einem Halme in die Nasenlöcher stachen, um dann bei ihren fingierten Anfällen Schaum und Blut von sich zu geben. 1493 wurde zu Frankfurt ein solcher Betrüger entlarvt und, da er außerdem falsche Briefe mit sich führte, durch die er seine Krankheit erweisen wollte, zur Strafe verbrannt. — Daneben gab es solche, die Aussatz simulierten und Lepraklappern handhabten, und andere, die sich mit Pferdemist bestrichen und die Gelbsucht zu haben vorgaben („Schweiger"), oder die sich mit einer Salbe beschmierten, damit sie aussähen, als wären sie siech gewesen und als wäre ihnen das „Antlitz und der Mund ausgebrochen" („Seffer"). Auch ließen sich wohl Bettler, und zwar meistens Frauen, von anderen an eisernen Ketten führen und gebärdeten sich, als wenn sie unsinnig wären, indem sie sich die Kleider vom Leibe rissen, worauf dann für die Besessenen gesammelt wurde, damit aus dem Erlös die zwölf Pfund Wachs gekauft werden könnten, die man einem wunderthätigen Heiligen gelobt haben wollte, auf daß das arme Menschenkind von dem bösen Geiste erlöst werde („Vopper", „Vopperin"). — Ein bei den bettelnden Weibern sehr beliebter und häufig geübter Betrug war es ferner, sich mittelst unter die Kleider gestopfter Wämser, Kissen und Decken schwanger zu stellen („Billträgerin", „mit der Billen gehen") oder sich für arme, kranke Kindbetterinnen auszugeben, deren Neugeborenes vor 14 Tagen wieder gestorben sei („Dutzbetterin"). Jammernd und von elendem Aussehen liegen sie vor den Kirchen unter einer Decke oder einem „Leilach" und sprechen die Vorübergehenden um eine milde Gabe an. In Straßburg fand man einstmals auch einen Mann darunter, der alsbald in das Halseisen gestellt und dann des Landes verwiesen wurde. Auch von abenteuerlichen und fabelhaften Mißgeburten ist mehrfach in solchem Zusammenhange die Rede. So wollte 1509 zu Pforzheim eine Bettlerin eine Kröte geboren haben, die sie der lieben Mutter Gottes zu Einsiedeln gebracht, woselbst die Kröte lebe, alle Tage ein Pfund Fleisch verzehre und für ein großes Wunder gehalten werde. Nunmehr aber sei sie, die Bettlerin, auf dem Wege nach Aachen zu unserer lieben Frau; „und hatte Brief und Siegel darüber, die sie von der Kanzel verkünden ließ". „Indessen hatte dieselbe Frau, so heißt es in dem „Liber Vagatorum" weiter — es handelt sich bei der ganzen Erzählung um einen späteren Zusatz — „in einem Vorstadtwirtshaus einen starken Buben (d. h. wohl ihren Buhlen) sitzen, der auf sie wartete und den sie mit solcher Büberei ernährte. Da man dessen durch den Thorwart inne ward, wollte man nach ihnen gegriffen haben; sie waren jedoch gewarnt worden und machten sich davon". Auf eine Betrügerei ähnlicher Art bezieht sich unsere Abbildung 65. Daß von männlichen wie weiblichen Bettlern gelegentlich auch die Kinder anderer Bettler entlehnt wurden, die sie dann für die leider so zahlreichen eigenen ausgaben, denen noch dazu der Vater bezw. die Mutter gestorben sei, bedarf wohl kaum besonderer Erwähnung, da solcher Betrug ähnlich wohl auch heute noch häufig genug geübt wird. In Ermangelung von Kindern in genügender Zahl that gelegentlich auch wohl ein in Windeln gehüllter junger Hund dieselben Dienste. Verbrecherischer ist es, was gleichfalls zur Zeit des „Liber Vagatorum" nicht selten vorgekommen zu sein scheint, daß Bettlerseltern ihren kleinen Kindern irgend einen Leibesschaden beibrachten, um sie und sich bedauernswürdiger und hilfsbedürftiger erscheinen zu lassen. So erschien die seltene erste Ausgabe jenes merkwürdigen Buches mit einem Holzschnitt auf dem Titelblatt, auf dem ein solches edles Paar anscheinend im Begriff, ein nacktes Kind zu lähmen, dargestellt war.

Gegen den Schluß warnt dann der „Liber Vagatorum" seine Leser noch vor den Krämern, die von Haus zu Haus gehen und von denen man nichts gutes kaufe, vor den fahrenden Ärzten, die Theriak und Wurzeln feil hätten und sich schwindelhafter Weise großer Dinge und außerordentlicher Heilungen berühmten (Abb. 66), vor den falschen Spielern mit ihren zahlreichen Spitzbübereien, vor den im Lande umherziehenden Spenglern und Kesselflickern, deren Weiber bettelnd und leiernd gewissermaßen den Vortrab bilden und nicht selten, wenn man ihnen nichts giebt, heimlich mit Stöcken oder Messern Löcher in die Kessel stoßen, damit ihre nachkommenden Männer zu thun finden, und vor anderm unredlichen Gesindel solcher Art. — Den dritten Teil des Schriftchens endlich bildet der „Vocabularius", ein kurzes Verzeichnis der gebräuchlichsten Gaunerausdrücke und deren Verdeutschung. Von dieser Gaunersprache, dem „Rotwelsch" — der Name hängt vielleicht zusammen mit einer Räuberbande, „die Roten und die Schwarzen" oder „Rot und Schwarz" genannt, die zu Ausgang des 14. Jahrhunderts im Elsaß zwischen Straßburg und Basel ihr Wesen trieb — giebt auch bereits Sebastian Brant in seinem Narrenschiff, gestützt auf ein um einige Jahrzehnte älteres Basler Ratsmandat, das auch dem Verfasser des Liber Vagatorum als Quelle diente, verschiedene Proben, und in den folgenden Jahrhunderten mehren sich rasch solche Grammatiken oder Wörterbücher der rotwelschen Sprache, die später auch hin und wieder als Zigeunersprache bezeichnet wird.

Damit wären wir nun in unserer Darstellung bei einem Punkte angelangt, der wohl eingehende Erwägung und Untersuchung verdiente, nämlich bei der Frage, wie weit die Zigeuner, die eben in diesem Zeitraum sich zuerst und zwar in ansehnlicher Zahl in Deutschland blicken ließen, wie weit ihre Sinnes- und Lebensweise bestimmend auf die Entwicklung des Bettler- und Gaunertums in Deutschland eingewirkt haben. Bei der Be-

Abb. 65. Schwindlerin mit mehrjähriger Schwangerschaft. Kpfr. aus dem 18. Jahrhundert. München, Kupferstichkabinet.

Abb. 66. Fahrender Quacksalber. Holzschnitt eines unbekannten Meisters aus dem 16. Jahrhundert. Berlin, Kupferstichkabinet.

schränktheit des Raumes müssen wir uns jedoch mit einer mehr aphoristischen als nach irgend einer Seite erschöpfenden Behandlung dieses Gegenstandes begnügen.

Schon in dem Sprachschatz des Rotwelsch macht sich — das ist nicht zu leugnen — der Einfluß der Zigeuner und ihres Idioms deutlich bemerkbar. Trotzdem aber ist es durchaus falsch, das Rotwelsch mit der Zigeunersprache zu identifizieren. Es hat derselben alles in allem doch nur verhältnismäßig wenige Wörter und Begriffe entlehnt. Zum überwiegenden Teil entstammen die Ausdrücke vielmehr dem Hebräischen oder richtiger dem Judendeutsch, wie denn die meisten Formen, namentlich alle Nebenwörter, und ebenso Flexion und Satzbau überhaupt der deutschen Sprache angehören. Aus solchen Grundelementen hatte sich wohl bereits ein Gaunerjargon gebildet, noch ehe die Zigeuner zuerst in größeren Mengen, in geschlossenen Banden Deutschland heimzusuchen begannen. Muß man doch das jüdische Element überhaupt als eines der Grundelemente des deutschen Gauner- und Räuberwesens betrachten. Die mittelalterlichen Christen haben es dazu gemacht. Waren die Juden durch ihre soziale Stellung schon frühzeitig nicht selten förmlich darauf angewiesen, der Gewalt List und Betrug entgegenzusetzen, so war dies in erhöhtem Maße in jenem schrecklichen 14. Jahrhundert der Fall, da der Aberwitz die rohen Leidenschaften des Volkes gegen die Juden entfesselte. Viele derselben, an Leib und Leben bedroht, flohen damals aus den Städten, wo die Verfolgung am wildesten wütete, in die Einöden und Wälder, und hier sind dann aus den Verfolgten, Vertriebenen, Geächteten nur zu häufig Rächer, Räuber und Diebe, Bedrücker der Menschheit geworden. Ja die Zahl solcher, bald mit allerlei anderem tagscheuen Gesindel vermischter jüdischer Gauner war um die Wende des 14. und 15. Jahrhunderts so groß, daß frühere Forscher in ihnen geradezu die Stammväter der etwas später auftretenden Zigeuner haben erblicken wollen. Im übrigen würde es, wie sich der tüchtigste Schriftsteller über die Zigeuner im 18. Jahrhundert, H. M. G. Grellmann, ausdrückt, „ebenso unnütz als weitläufig und ekelhaft sein, alle die Schocke von Meinungen wiederzukäuen, die durch die Frage, was Zigeuner eigentlich für ein Volk seien und wo man ihre ursprüngliche Heimat zu suchen habe, veranlaßt worden sind". Schon Grellmann (1787) kommt dann am Schluß seines „Historischen Versuchs über die Zigeuner" auf Grund einer Vergleichung ihrer Sprache mit dem Hindustani der Inder zu dem Resultat, daß wir es in den Zigeunern mit einem seiner Abstammung nach indischem Volke zu thun haben; und die neuere Sprachforschung hat das bestätigt. Über ihre Geschichte und den Verlauf ihrer Wanderzüge sind wir freilich auch heute noch trotz allen Forschens und trotz der gewaltigen Litteratur, die über die Zigeuner existiert, nur wenig unterrichtet, was zum guten Teil mit dem völligen Mangel an historischem Sinn bei den Zigeunern selbst zusammenhängt, infolgedessen sie weder irgend welche geschichtliche Aufzeichnungen besitzen noch auch eine eigentliche Volkstradition, sondern höchstens einzelne Familientraditionen haben und pflegen. Und ebenso macht auch noch der Name und seine etymologische Ableitung nicht geringe Schwierigkeiten. Am wahrscheinlichsten ist wohl, daß wir in dem Worte „Zigeuner", das bei den Schriftstellern älterer Zeit in sehr mannigfacher Schreibung und latinisiert als Ciani, Cigani, Cigari, Cingoli u. s. w., u. s. w. erscheint, eine Entstellung aus lat. Aegyptiani, Aegitiani vor uns haben, worauf ja auch der englische Ausdruck für Zigeuner „Gipsy" und das spanische „Gitanos" zurückgeht. Denn für Ägypter gaben sie sich bei ihrem ersten Auftreten in Europa zu-

meist aus, und dichterisch-archaisierend nennt auch noch Goethe in seinem Gedichte „Ilmenau" die Zigeuner „Ägyptier".

Für Deutschland fällt ihr erstes Erscheinen in die Zeit der Regierung Kaiser Sigismunds. Wenn vor dieser Epoche gelegentlich von heidnischen oder böhmischen Leuten in deutschen Landen die Rede ist, z. B. Cäsarius von Heisterbach (1199—1240) erzählt, daß seine Tante ein heidnisches Mädchen von ungefähr zehn Jahren gekauft habe, das dann die Taufe empfing, oder Gerhard von Schwarzburg, Fürstbischof von Würzburg (regierte 1373—1400) eine Verordnung erläßt, in der er bei einem Gulden Strafe verbietet, „die bemische lute" zu beherbergen oder zu speisen, so liegt wohl hin und wieder die Vermutung nahe, es möge sich dabei um Zigeuner gehandelt haben. Sicher läßt sich das jedoch in keinem Falle nachweisen, und die Einhelligkeit, mit der die Chronisten zur ersten Hälfte des 15. Jahrhunderts über die fremdartige Erscheinung der Zigeuner als eine ganz neue berichten, kann in der Massenhaftigkeit ihres damaligen Auftretens schwerlich allein ihren Grund haben, scheint vielmehr gegen jedes frühere Vorkommen des fremden Volkes auf deutschem Boden zu sprechen.

Das Jahr 1417 ist das erste, für das uns das Auftreten von Zigeunern auf deutschem Boden sicher bezeugt ist. Der Chronist Hermann Corner, ein Lübecker Dominikanermönch, berichtet zu diesem Jahre, daß eine fremde und vorher nie gesehene Menge wandernder Menschen aus den östlichen

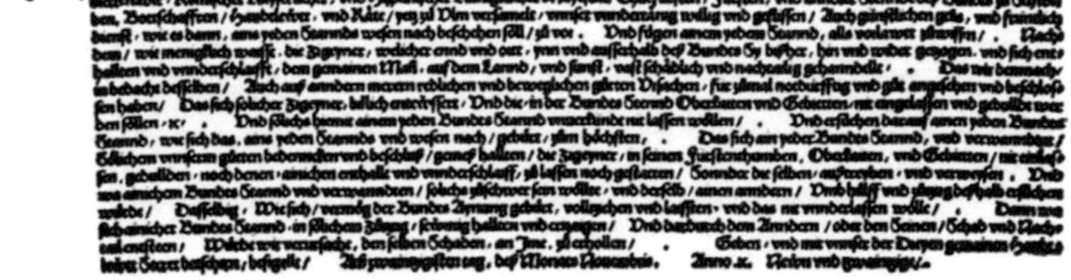

Abb. 67. Verordnung des Schwäbischen Bundes gegen die Zigeuner 1529. Nürnberg, Germ. Museum.

Abb. 68. Bettler- und Zigeunermarsch. Kpfr. eines Nürnberger Stechers nach Callot (1592—1635). 18. Jahrhundert. Nürnberg, Germanisches Museum.

Gegenden nach Deutschland gekommen sei, die das ganze Land bis an die Meeresküste durchstreift und sich Zigeuner genannt habe („Secanos so nuncupantes"). Zum Jahre 1433 erwähnt ihrer ein anderer zeitgenössischer Geschichtsschreiber, der Presbyter Andreas, Augustinermönch im Kloster des heiligen Magnus zu Regensburg, in seiner Bayerischen Chronik, und im gleichen Jahre werden zu Nürnberg bereits zwei Zigeuner für einen Tag ins Loch gesteckt, während man ihnen sonst in den ersten Dezennien nach ihrem frühesten Erscheinen zumeist noch mit einem aus Scheu und Mitleid gemischten, fast ehrfürchtigen Empfinden begegnete. Es hängt dies mit der Fabel zusammen, die sie selbst über ihre Herkunft und den Zweck ihres rastlosen Umherziehens zu verbreiten bestrebt waren. Wie die Zigeuner stets, sobald sie etwas dadurch zu erreichen hofften, ihre Religion wie ein Kleid gewechselt haben, so gaben sie sich von vornherein im Abendlande für gute Christen aus, die jedoch von Heiden abstammten, die einstmals, da die heilige Familie sich auf der Flucht nach Ägypten befunden habe, der Mutter Gottes mit dem Jesuskinde die gastliche Aufnahme verweigert hätten. Um diese von ihren Vorfahren begangene Schuld zu sühnen, hätten sie selbst sich zu einem siebenjährigen Exil verurteilt und als büßende Pilgrime ihr Vaterland Ägypten verlassen. Die Führer der einzelnen Banden legten sich Herzogs-, Fürsten- oder Grafentitel bei und traten nicht selten mit einem gewissen Pomp auf, wodurch sich der Glaube an jene Fabel wohl noch verstärkte. Was anderes als ein Gelübde, als eine religiöse Idee hätte auch nach der Vorstellung der biederen und seßhaften Deutschen einen ganzen Volksstamm, Männer, Weiber und Kinder, Vornehm und Gering, zu so weiten, ziellosen, mit Gefahren aller Art verbundenen

III, 2. Ehrfürchtige Scheu vor den Zigeunern. Frei- und Schutzbriefe 79

Abb. 69. Bettler- und Zigeunermarsch. Kpfr. eines Nürnberger Stechers nach Callot (1592—1635). 18. Jahrhundert. Nürnberg, Germanisches Museum.

Wanderzügen veranlassen können! So sah man sie vielfach geradezu als heilige Leute an, denen man kein Leid zufügen oder zufügen lassen dürfe. Ja durch ihre Vorspiegelungen erwirkten sie sich sogar Frei- und Schutzbriefe, sogar (1423) von Kaiser Sigismund selbst.

„Das goldene Zeitalter der Zigeuner," sagt Grellmann, „dauerte ziemlich lange. Endlich aber, nachdem man über ein halbes Jahrhundert gegen sie nachsichtig gewesen war, tauete doch das alte Vorurteil auf." Bei den zahlreichen größeren oder kleineren Diebstählen, Betrügereien und Gewaltthaten, die den Weg einer jeden Zigeunerbande bezeichneten, konnte der Nimbus, mit dem sie sich bei ihrem ersten Erscheinen zu umgeben gewußt hatten, auf die Dauer nicht von Bestand sein, und die ihnen wohlwollende Gesinnung schlug in der zweiten Hälfte des 15. Jahrhunderts immer mehr in ihr Gegenteil um. Anstatt für Heilige war man nun vielmehr geneigt sie für Diener oder Verbündete des bösen Geistes zu halten, und nur die Furcht vor ihrer Rache und vor ihren Zauberkünsten mag zunächst noch Obrigkeiten und Volk von einem energischen Vorgehen gegen sie zurückgehalten haben. Konnte doch der Bauer oder Bürger, der einen Zigeuner beleidigt hatte, gewärtig sein, die nächste Nacht Haus und Hof in Flammen aufgehen zu sehen, und wurden doch namentlich Viehseuchen, Mißwachs und allerlei Landplagen, wie das massenhafte Erscheinen von Feldmäusen u. s. w. vielfach der Hexerei der Zigeuner zugeschrieben, die überdies

Abb. 70. Zigeunerlager. Kpfr. aus dem 17. Jahrhundert.

durch ihre überall geübte Wahrsagerei in einen abergläubischen Ruf gelangt waren.

Dichter und Chronisten wiesen allerdings schon bald auf diese Schäden und die Notwendigkeit strenger Maßregeln gegen die Zigeuner hin. Am ausführlichsten läßt sich unter den Schriftstellern des 15. und 16. Jahrhunderts Sebastian Münster in seiner Cosmographie über sie aus. Er ist selbst mit ihnen zusammengetroffen und schildert sie als „ein ungeschaffen, schwarz, wüst und unflätig Volk, das sonderlich gern stiehlt, doch allermeist die Weiber, die also ihren Männern zutragen" u. s. f. In ähnlicher Weise äußern sich Aventinus, del Rio und andere über die Zigeunerplage, die wie eine Pest ganz Europa durchziehe, und fordern dringend zur Abhilfe und zur Bestrafung der Schuldigen auf.

Nach Bamberger Stadtrechnungen erhielten im Jahre 1463 die Zigeuner noch ein Geschenk von sieben Pfund Heller, „darum, daß sie von Stund an hinweg schieden und die Gemein unbeschädigt ließen". Bald aber folgen bald hier bald dort Verordnungen, die ein weniger mildes und freundschaftliches Verhalten gegen die Zigeunerbanden vorschreiben. Eines der frühesten Edikte dieser Art, das sich erhalten hat, ist wohl das des Markgrafen Albrecht Achill von Brandenburg vom 15. Januar 1482, in dem die Obrigkeiten aller Städte, Märkte und Dörfer der Markgrafschaft aufgefordert und ernstlich angehalten werden, eine Niederlassung der Zigeuner in keiner Weise zu dulden.

Schärfer ist schon der Ton in der Verordnung der drei Hauptleute des Schwäbischen Bundes von 1529, die als Beispiel solcher Edikte in Abb. 67 reproduziert ist; und in der Folgezeit steigert sich das Vorgehen gegen die Zigeuner nicht selten zu grausamer Härte. Namentlich das 18. Jahrhundert hat darin noch gewaltiges geleistet. Weil man sie jeder noch so abscheulichen

Abb. 71. Bauernhochzeit, links eine Gruppe von stehlenden und weissagenden Zigeunern. Kpfr. aus dem 17. Jahrh.

Schandthat für fähig hielt, glaubte man sich aller, auch der unmenschlichsten Mittel zu ihrer Entfernung und Unschädlichmachung bedienen zu dürfen. In Böhmen bedrohte man sie, falls man sie betreten würde, mit Abschneiden des linken Ohres. Wenn sie sich aufs neue innerhalb der Grenzen erwischen ließen, wurde ihnen auch das rechte Ohr abgeschnitten, beim drittenmale das Haupt abgeschlagen. In Sachsen ward durch eines solcher Edikte jedermann die Erlaubnis erteilt, Zigeuner, wo immer sie sich blicken ließen und selbst wenn sie mit Pässen versehen wären, auf der Stelle niederzuschießen. Ebenso ließ ein Kurfürst von Mainz alle männlichen Zigeuner, deren er habhaft werden konnte, ohne weiteres hinrichten, Weiber und Kinder aber mit Ruten streichen, brandmarken und über die Grenze jagen. Noch 1724 wurden zu Berneck im Gebiet des Markgrafen von Bayreuth auf ausdrücklichen Befehl des Fürsten 17 Zigeunerinnen im Alter von 15 bis zu 98 Jahren, davon 15 an einem Tage, an Bäumen aufgeknüpft und 1782 in Ungarn 41 Zigeuner, Männer und Weiber teils aufgehängt, teils geköpft, „von unten auf gerädert" oder geviertelt, weil sie lange Jahre hindurch Menschenfresserei getrieben und im ganzen 28 — nach anderen Berichten 84 — Personen, die sie kochten oder am Rauch dörrten, verzehrt haben sollten.

Allerdings hat man sich auch verschiedentlich bemüht, sie zu seßhafter Lebensweise zu bewegen, bestimmten Berufen und einer besseren Bildung zuzuführen. Doch sind solche Versuche, wie sie namentlich auch von Maria Theresia ausgingen, die durch eine Verordnung vom Jahre 1768 die Zigeuner zwingen wollte, künftig in Dörfern zu wohnen, sich ein Gewerbe zu wählen und ihre Kinder zu kleiden und in die Schule zu schicken, mit wenigen Ausnahmen stets gescheitert. Überhaupt hat ein neuerer Schriftsteller (R. Liebig) nur zu sehr Recht, wenn er in seinem Werke über die Zigeuner bemerkt, daß dieses Volk bis heute „im wesentlichen dasselbe geblieben ist trotz alles Köpfens, Räderns und Verbrennens, trotz Bibel und Kerker, trotz jeder Civilisation". Und so unterscheiden sich denn auch ältere Darstellungen auf der Wanderung befindlicher oder lagernder Zigeunerbanden, wahrsagender Zigeunerinnen u. s. w. nicht erheblich von jenen phantastisch-bunten Bildern, wie sie noch heute jede Begegnung mit dem Nomadenvolke gewährt.

Daß nun aber die Zigeuner, die es, wie ein neuerer Schriftsteller sich etwas drastisch und übertreibend ausdrückt, für die erste pädagogische Pflicht halten, ihre Kinder in der „Tugend" des Stehlens zu unterweisen, bei denen uns in der That Diebstahl und Betrügerei zuerst zu einem förmlichen Gewerbe ausgebildet entgegentreten, daß sie bei der Milde und Schonung, deren sie sich anfangs und zwar viele Jahrzehnte hindurch zu erfreuen hatten, einen starken, ja maßgebenden Einfluß auf die oben skizzierte eigentümliche Ausbildung des Bettler- und Gaunerwesens während des 15. Jahrhunderts geübt haben, kann kaum einem Zweifel unterliegen. In späterer Zeit vermischten sich daher auch die Begriffe mehr und mehr, sodaß man wie von dem Rotwelsch als der Zigeunersprache, so gelegentlich auch von einer Räubergeschichte als einem „wahrhaften Zigeunerroman" sprach. Die Zigeuner werden dabei eben als der Kernstock des vagabundierenden räuberischen und diebischen Gesindels betrachtet, heute überdies zugleich als das fahrende Volk par excellence angesehen. Denn während im Laufe der Jahrhunderte so manche Gruppen ehemals fahrender Leute zu größerer oder geringerer Seßhaftigkeit gelangt sind, haben die Zigeuner in dieser Hinsicht, wie schon bemerkt, kaum irgend eine Entwicklung aufzuweisen. Auch das hängt mit ihrem Mangel an geschichtlichem Sinn, mit ihrem gedankenlosen Indentaghineinleben, das wohl wiederum seine letzte Ursache in dem Klima und den sozialen Verhältnissen des Landes, dem sie entstammen, hat, auf das engste zusammen.

Gegenüber dem durch das Beispiel der Zigeuner mit veranlaßten Überhandnehmen des Bettlerunwesens, wie es das 15. Jahrhundert charakterisiert, und dem Zudrang der Bettler zu den volkreicheren Städten sahen sich die Obrigkeiten allmählich zu energischen Maßregeln und zur Abfassung bestimmter Verordnungen gezwungen. Noch Geiler tadelt in seiner Predigt „Vom Bettelnarren" „die Fahrlässigkeit der Obrigkeit, die in solcher Sach kein Einsehen thut, und läßt jedermann betteln, wer nur Lust hat zu betteln". Wenn wir aber beispielsweise hören, daß 1460 dem Barfüßerkloster zu Frankfurt ein Richter geliehen werden mußte, um die seine Thüren massenhaft umlagernden Bettler hinwegzuschaffen, oder daß 1529 gelegentlich einer Teuerung 1600 Arme aus Burgund und Lothringen nach Straßburg kamen, die dann in einem der aufgehobenen Klöster untergebracht und bis zum Frühling des nächsten Jahres verpflegt werden mußten, so lassen solche Beispiele wohl erkennen, wie dringend nötig den Obrigkeiten selbst schließlich eine Abhilfe in dieser Kalamität erscheinen mußte. Demgemäß sehen wir denn seit dem letzten Viertel des 15. Jahrhunderts eine ganze Reihe Bettlerordnungen entstehen. Voran geht der Nürnberger Rat, der sogar schon bald nach der Mitte des 14. Jahrhunderts eine kurze Ordnung wegen „der Stertzel, Geyler und aller Bettler", d. h. etwa bezüglich der Vagabunden, Landstreicher und sonstigen Bettler erlassen hatte und 1478 mit einer Erneuerung und Erweiterung dieser Ordnung hervortrat. Diese Nürnberger Ordnung von 1478 war wohl das Vorbild für die Frankfurter von 1488. Außerdem sind durch die Ausführlichkeit ihrer Bestimmungen für diese Zeit noch von besonderer Bedeutung die Augsburger Almosenordnung von 1522 und die Straßburger

Abb. 72. Weissagende Zigeunerin. Kpfr. aus einem Flugblatt. 17. Jahrhundert.

Abb. 73 u. 74. Tanzende Bettlerpaare. Kpfr. von dem Monogrammisten D. V. H. 16. Jahrhundert. Dresden, Kupferstichkabinet.

von 1523. Zwei Gesichtspunkte vornehmlich treten in diesen Bettlerordnungen zumeist scharf hervor; es wird nämlich einmal eine möglichste Kontrolle des gesamten Bettlerwesens angestrebt und ferner den einheimischen Bettlern die Konkurrenz der fremden nach Möglichkeit vom Halse zu halten gesucht. Schon in jener ältesten Nürnberger Ordnung aus dem 14. Jahrhundert wird vorgeschrieben, daß die Bettler „der Stadt Zeichen", d. h. ein Blechschild mit dem Stadtwappen zu tragen haben, das ihnen ausgehändigt wird, wenn sie sich durch zwei oder drei zuverlässige Zeugen über ihre Bedürftigkeit haben ausweisen können. Das Zeichen soll stets nur für ein halbes Jahr abgegeben werden und alle halbe Jahr, am St. Michaelstage und am Walpurgistag, soll eine Revision sämtlicher zum Betteln zugelassener Armen abgehalten werden. Bettler von auswärts dürfen sich nur drei Tage in Nürnberg aufhalten. Die Ordnung von 1478 gesteht diesen letzteren zwei Tage im Vierteljahr zu, verlangt aber von ihnen, daß sie das Vaterunser, Ave Maria, das Glaubensbekenntnis und die zehn Gebote beten und sprechen können, ebenso wie sie von den einheimischen Armen, die zum Betteln zugelassen werden wollen, eine Bestätigung ihres Beichtvaters darüber verlangt, daß sie in eben dem Jahre gebeichtet haben und absolviert worden sind. Auch ist hier von besonderen Zeichen für solche Bettler die Rede, die sich bei Tage zu betteln schämen und denen daher bewilligt ist, nach Anbruch der Nacht zwei oder drei Stunden zu betteln. Das Betteln in den Kirchen wird ihnen nunmehr — abgesehen von den drei kleinen Kapellen St. Moritz, St. Nikolaus und St. Kunigunden — verboten; nur bei Regen und Unwetter dürfen sie sich, wie früher, in die Kirchen ziehen, haben sich dann aber bei den Thüren aufzuhalten und dürfen niemanden um eine Gabe ansprechen. Auch sollen sie, wenn sie nicht durch ein Gebrechen an jeder Arbeit gehindert sind, nicht müßig sein, vielmehr spinnen oder sonst eine Arbeit treiben, „die in irem vermügen wer", etwaige „erbärmliche" Leibesschäden nicht offen sehen lassen, sondern bedecken, damit nicht die schwangeren Frauen durch den Anblick Schaden empfangen, ferner nicht singen und sagen oder Bilder, „wunderliche Tiere" und dergleichen vorzeigen, sondern um Almosen bitten wie andere Arme. Auf alle Übertretungen wie auf ungebührliches Wesen überhaupt sind Strafen gesetzt, meist Verweisung der Stadt auf ein Jahr, und die „Sterzel oder Bettelmeister" angewiesen, jede Übertretung wohl anzuzeigen.

Diese Sterzler, Sterz, Sterzel oder Bettelmeister oder -richter — anderwärts heißen sie auch Bettelvögte, Prachervögte u. s. w. — spielen in der Folgezeit in der Geschichte des Bettlerwesens eine große Rolle. Sie hatten natürlich auch die verarmten Priester, die etwa durch Erblindung oder ein anderes Übel zum Betteln getrieben worden waren, die bettelnden Büßer und Wallfahrer, Sunderfiechen, fahrenden Schüler u. s. w., von denen allen in der Nürnberger Bettelordnung von 1478 bereits gleichfalls ausführlicher gehandelt wird, unter ihrer Aufsicht, und es mag an Bestechungen seitens ihrer Schutzbefohlenen

6*

Die Jacobs Brüder.

Wir Jacobs brüder mit grossem hauffen
Im Land sind hin vnd her gelauffen/
Von Sanct Jacob/Ach vnd gen Rom
Singen vnd betten one schom/
Gleich anderen presthafften armen/
Offt thut vns der Bettel Stab erwarmen
In Händen/alsdenn wir es treibn
Unser lebtag faul Bettler bleibn.

Abb. 75. Die Jakobsbrüder. Holzschnitt von J. Amman aus: Beschreibung aller Stände. Frankfurt 1568. A. 231.

wie an Erpressungen seitens der Bettelvögte selbst von vornherein nicht gefehlt haben. Die Nürnberger Bettelordnung von 1518 setzt daher in einer Reihe von Zusätzen die Befugnisse der Bettelrichter und was sie in jedem einzelnen Falle von den einzelnen Bettlern fordern durften, genau fest.

Alles in allem wird man wohl sagen dürfen, daß das spätere Mittelalter, wie auch noch das 16. Jahrhundert mit ungewöhnlicher Milde gegen seine zahlreichen Bettler verfuhr, glimpflicher vielleicht als es die Mehrzahl derselben verdiente und als es die folgenden Jahrhunderte für angezeigt gehalten haben. Es hatte dies teilweise wohl seinen Grund in der mehr humoristischen Auffassung der Zeit vom Bettler- und Gaunertum, auf die bereits oben hingedeutet worden ist. So führten denn auch die Bettler im geheimen, d. h. wenn sie unter sich waren, und vorausgesetzt natürlich, daß es ihnen nicht am Gelde gebrach, ein ganz lustiges und vergnügliches Leben, feierten in ihren Winkelherbergen — in Nürnberg boten ihnen, wie es scheint, besonders die „Offenbar-Köche", d. h. die Besitzer der Garküchen, Unterschlupf — unter Gesang und Tanz und Zecherei ihre Feste und ließen es sich wohl sein. Das wußte schon Sebastian Brant, der in seinem Narrenschiff wohl die beste Charakteristik auch dieser Seite des Bettlerwesens seiner Zeit giebt:

Zum Bettel laß ich mir der viel,
Denn es seind leider Bettler viel,
Vnd werden stets je mehr je meh,
Denn bettelen das thut niemand weh,
On dem [— außer demjenigen], der es zu not muß treiben.
Sonst ist gar gut ein Bettler bleiben,
Denn bettlens des verdirbt man nit,
Viel begehn sich wol zu Weißbrot mit,
Die trincken nicht den schlechten Wein,
Es muß Rheinfal, Elsasser sein,
Mancher verläßt auff bettlen sich,
Der spielt, buhlt, hält sich üppiglich.
Denn so er schon verschlemmt sein Hab,
Schlägt man ihm's betteln doch nicht ab,
Ihm ist erlaubt der Bettelstab
Viel nähren auß dem Bettel sich,
Die meh Gelts han denn du und ich.

Verschiedene unserer Abbildungen (73, 74 und 77) nehmen sich wie eine Illustration zu diesen Versen Sebastian Brants aus, wobei auch noch auf manche urkundliche Nachrichten verwiesen werden könnte, wie beispielsweise auf einen Nürnberger Ratsverlaß vom 7. April 1599, demzufolge ein Bettler, „so auf zwei Krücken gehet und in der Kirchen bei St. Lorenzen" — es ist doch vermutlich die kleine Nikolauskirche gemeint, die sich ehemals in unmittelbarer Nähe der Lorenzkirche erhob und, wie oben bemerkt, neben der Moritz- und Kunigundenkapelle den Bettlern besonders vorbehalten war — „mit losen Betteln in das Bier zechen thut", ins Loch geschafft und zur Rede gestellt werden sollte.

Besonders bezeichnend endlich sowohl für das üppige und leichtfertige Leben, dem sich die Bettler

Lohn des gemeinen Sprüchworts/
Alles versoffen vor seinem End
Macht ein richtigs Testament.

Junges Blütgen spar dein Gut/
Weil das Armuth wehe thut/
Wenn verhurt/ verbrast das Haab/
Ist dein Lohn der Bettel-Stab/
Denn wird dein Thun Lügen/ Trügen
Must vor iederman dich schmügen/
Und dich lassen offt zur Stund/
Heissen einen Bettel-Hund/
Drum so dencke immerfort/
Daß dich treffen kan das Wort:
Itzt ist fort des Vatern Guth/
Biß auff einen Filtzhut.

An das Armuth.

Mancher wol gar kühne spricht/
Armuth doch auch lähmet nicht
Wenn er offt gleich hat verlohren
Arm und Bein auch beyde Ohren/
Muß daher ziehn wie die Schnecke/
Da er vor war kühn und kecke/
Nach der Hütte mit dem Hund
Weil ihm kein Haus wird vergunt/
Drum mißbrauche nicht der Zeit
Wenn du hast Gut/ Geld und Freud.

Gedruckt im Jahr/
Da kein Geld bey Bettlern war.

Abb. 76. Flugblatt auf den versoffenen Bettler. 18. Jahrhundert. Hamburg, Stadtbibliothek.

III, 2. Der Kohlenberg zu Basel und die „Kohlenberger Gerichtsordnung"

Abb. 77. Tanzende Bettler vor ihrem Zelt. Kpfr. von Peter Miricenys nach Peter Breughel d. Älteren (1525—1569). München, Kupferstichkabinet.

nur zu häufig ergaben, als auch für die oft allzu weit getriebene Duldsamkeit oder Indolenz der Behörden gegenüber bettelndem, betrügendem, ja selbst räuberischem Gesindel ist die Geschichte der Kohlenbergwirtschaft, der Freistätte der Gilen (d. h. Bettler) und Lahmen in Basel und die „Kohlenberger Gerichtsordnung" oder die „Ordnung der freien Knaben", wovon ebenfalls bereits bei Sebastian Brant kurz die Rede ist:

„Zu Basel auf dem Kohlenberg,
Da treiben sie viel Bubenwerk."

Es war eines der Privilegien der freien Städte, Geächteten Schutz gewähren zu dürfen, und auf Grund dieses Vorrechtes hatte sich in Basel eine ganze Bettlerkolonie gebildet, zu deren ursprünglich wohl sehr fluktuierlichen Beständen außer den eigentlichen Bettlern auch vogelfreie und rechtlose Leute aller Art, die den Schutz der Stadt aufsuchten, gehörten. Der Kohlenberg, der diesem Gesindel zum Aufenthaltsort angewiesen war, lag außerhalb der alten, von Bischof Burkart 1080 erbauten Stadtmauer, ward aber bei der Stadterweiterung zu Ausgang des 14. Jahrhunderts in die Stadt selbst hineingezogen. Ursprünglich wohl nur mit Bäumen bestanden, zu denen sich die elenden Hütten der Bettler gesellten, scheint der Kohlenberg später eine richtige Bettlerherberge aufgewiesen zu haben. Daraus entwickelte sich im Laufe der Zeit die ständige Niederlassung der „unehrlichen Leute" Basels, des Henkers und seiner Gesellen, der Kloakenreiniger, Sackträger u. s. w., die nicht das Bürgerrecht zu erwerben brauchten und daher auch „Hütens und Wachens frei" waren, weswegen man sie Freiheiten (auch Freiharte) oder Freiheitsknaben nannte. Namentlich in der älteren Zeit, in den Tagen Sebastian Brants, da auch auf dem Kohlenberge das Bettlerwesen noch in seinem vollen Flor stand, mag hier in der That „viel Bubenwerk" getrieben worden sein. Schon damals bestand auch die merkwürdige Einrichtung eines besonderen Gerichts für die Bewohner des Kohlenberges und ihre Genossen, dem der Reichsvogt im Namen des Kaisers oder, seit 1386 die Reichsvogtei an die Stadt Basel übergegangen war, der Vogt des Stadtgerichts präsidierte. Die sieben Schöffen aber mußten aus den „Freiheiten" selbst genommen sein, getreu der germanischen Rechtsauffassung, nach der ein jeder nur von Seinesgleichen gerichtet werden konnte. Der älteste der Schöffen hieß Richter, die anderen sechs waren die „Urteilsprecher". Der Prozeßgang des Kohlenberger Gerichts erforderte, daß sich zuerst „der eltest fryheit" als der Richter setzte, einen Stab in den Händen und seinen rechten, bis an das Knie entblößten Fuß in einen Zuber mit Wasser haltend. Hinter ihm nahm der Vogt mit den beiden obersten Amtleuten, diese ebenfalls „mit ufrechten Steben", Aufstellung. Zu beiden Seiten des Richters saßen auf zwei Bänken je drei der Urteilsprecher mit entblößtem rechten Schenkel, und hinter ihnen standen die beiden anderen Amtleute des Stadtgerichts, mit denen sie sich, ehe sie das Urteil fällten, „der Sache bedenken" sollten. Aus letzterem Zusatz, der der „Kohlenberger Gerichtsordnung" von 1559 entnommen ist, läßt sich schon abnehmen, daß in späterer Zeit das ganze umständliche Verfahren zu einer reinen Ceremonie, zu einer Komödie geworden war, wobei die Urteilsprecher nur nachzusprechen hatten, was ihnen von den hinter ihnen stehenden Amtleuten des Stadtgerichts vorgesagt oder eingeblasen wurde. Dennoch ist das Kohlenberger Gericht in dieser Form nach dem Jahre 1559, wo, am 18. März, der junge Felix Platter, der Sohn des früher erwähnten Thomas Platter, einer solchen Gerichtssitzung beiwohnte, nachweislich noch dreimal, nämlich 1573, 1586 und 1597 abgehalten worden. Ehedem werden die Freiharte bei ihrer Rechtsprechung ohne Zweifel größere Freiheit gehabt haben.

Wenn aber so selbst gegen Bettler und anderes Gesindel niedrigster Art im ausgehenden Mittelalter — die älteste uns erhaltene Kohlenberger Gerichtsordnung entstammt der Wende des 14. und 15. Jahrhunderts — sich ein humanerer Zug geltend machte, ist es nicht zu verwundern, daß sich allmählich auch über die Spielleute und ihren Beruf eine mildere Anschauung Bahn brach. Zunächst freilich waren es wohl lediglich die Musikanten und zwar vornehmlich diejenigen, die, wie

Abb. 78. Vagierender Musikant mit Drehleier, dessen Frau zur Musik singt. Kpfr. nach einem holländischen Meister des 17. Jahrh. Nürnberg, Germ. Museum.

Abb. 79. Spielleute aus dem 16. Jahrhundert. Kpfr. von Jost Amman. Dresden, Kupferstichkabinet. A. III.

wir oben gesehen haben, in Städten und Dörfern zu einer ansässigen und mehr geregelten Lebensweise gelangt waren, welche solch gerechterer Würdigung teilhaftig wurden; und das hing im Grunde mit zwei bedeutsamen Umständen zusammen, die nicht eigentlich in der moralischen oder ethischen Sphäre wurzelten.

Einmal nämlich waren auch diese Spielleute dem Zuge der Zeit gefolgt und hatten sich vielfach zu Bruderschaften zusammengeschlossen. Bei der St. Nicolai-Bruderschaft zu Wien, die bereits 1288 gegründet wurde, mag ursprünglich noch der religiöse Gedanke vorherrschend gewesen sein; später indessen werden solche Bruderschaften, Pfeiferbünde oder wie sich diese Gesellschaften oder Vereine der Spielleute sonst nennen, in erster Linie mit dem praktischen Zweck gegründet, die soziale wie vor allem die finanzielle Lage ihrer Mitglieder zu verbessern. Letzteres sollte durch möglichste Monopolisierung der Musik, durch Ausschluß aller Nichtmitglieder von der berufsmäßigen Ausübung der Kunst erreicht werden. Offenbar haben wir es bei dieser Richtung mit einer Einwirkung französischer Verhältnisse zu thun, denn in Paris hatte bereits 1321 der königliche Minstrel Pariset in seinem eigenen Namen und in demjenigen von 25 seiner Mitbrüder und von acht Jongleusen dem Profoß eine elf Paragraphen umfassende Ordnung gleicher Tendenz zur Sanktion eingereicht, worauf sich dann die corporation des ménétriers konstituierte. Zwanzig Jahre später (1341) erhielt diese Gesellschaft einen „König" als Oberhaupt, welcher Titel in Frankreich schon früher mehrfach mit Bezug auf Spielleute vorkommt, wie wir denn beispielsweise 1288 von einem „Roi des joueurs de flûte", 1295 von einem „Roi des ménestrels de la ville de Troyes" und auch 1315 wieder von einem „Roi des ménestrels" namens Robert hören. Die Nachricht aus Troyes scheint überdies gleichfalls bereits auf eine engere Verbindung der Spielleute in dieser Stadt hinzudeuten.

Ganz gewiß hatte Karl IV., der am französischen Hofe erzogen worden war und von dort wohl auch seine Vorliebe für die Künste der Spielleute mitgebracht hatte, diese Verhältnisse und Benennungen im Auge, als er 1355 bei einem Hoftage zu Mainz einen gewissen „Johannes den Fiedler" zu einem König der Spielleute, einem „rex omnium histrionum" ernannte. Alle Spielleute sollten diesem ihren Könige Gehorsam schuldig sein, und alle Gaben, die er empfinge, Pferde, Kleider oder was es sein möchte, sollte er frei überall verkaufen dürfen. Leider sehen wir indessen weder, wie weit sich die Machtsphäre dieses „Königs" Johannes erstreckte, noch was im einzelnen seine Pflichten und Befugnisse waren und ob überhaupt jene von Karl IV. vollzogene Ernennung praktisch von besonderer Bedeutung und Wirkung gewesen ist. Seit jener Zeit aber sehen wir nun auch in Deutschland ähnliche Bestimmungen sich rasch mehren.

So ernennt 1383 Ruprecht von der Pfalz einen Pfeiferkönig für seine Lande: „Wir, Ruprecht der ältere ic. bekennen offenbar mit diesem Brief, daß wir Werner, den Pfeifer von Alzei, unser rechtes Hofgesinde, in allem unserem Lande und Gebiete über alle fahrenden Leute zum König gemacht haben, alle Fürgabe und Recht zu haben von allen fahrenden Leuten, als fahrender Leute Könige („farnlude-kunige") billig und von Gewohnheit von anderen fahrenden Leuten haben sollen, ohne alle Gefährde allezeit so lange er lebet ... Datum Heidelberg ic. Ebenso bestellte 1385 Erzbischof Adolph von Mainz seinen Pfeifer Brachte zum „König fahrender Leute" für das ganze Erzbistum, vernehmen wir von einem Spielmann, der der König im Odenwald genannt wird, u. s. f.

Allein was nützte der hochtrabende Titel ohne die Mittel zur Geltendmachung der darauf begründeten Ansprüche, ohne eine ihm zur Seite tretende Exekutivgewalt! Dieser Übelstand ward frühzeitig als solcher empfunden, und nachdem schon 1354 die St. Nicolai-Bruderschaft in Wien den Erbkämmerer Herrn Peter Eberstorff zu ihrem obersten „Vogt der Musikanten" erwählt hatte, der das „Ober-Spiel-Grafen-Amt" bis zum Jahre 1376 bekleidete, sehen wir verschiedentlich große Kreise von Spielleuten unter den Schutz eines vornehmen Herrn treten, der dann wohl vom Kaiser als oberstem Schutzherrn besonders mit dieser Schutzherrschaft belehnt wird und nun seinerseits einen Pfeiferkönig ernennt. So wenigstens war der Vorgang hinsichtlich der zu einer großen Bruderschaft vereinigten Spielleute des Elsasses vom Hauenstein bis zum Hagenauer Forst und vom Kamm der Vogesen bis an den Rhein und der Übernahme des Schutzes dieses Bundes durch die Herren von Rappoltstein, eines der wenigen solcher Verhältnisse, über die wir genauere Nachrichten besitzen.

Und eben diese Anteilnahme selbst der Kaiser an den Geschicken der Spielleute — das ist das andere Moment, auf das zum Verständnis dieser Entwicklung besonders hinzuweisen ist — entsprang zunächst weniger einem tiefgefühlten Mitleiden der Fürsten mit dem ehr- und rechtlosen Stande der Spielleute als der Wahrnehmung, daß sich hier die günstige Gelegenheit zur Schaffung einer Reihe von Ehrenämtern, aus deren Verleihung unter Umständen sogar Kapital zu schlagen war, ergäbe. Wie schon früher nicht selten der Schutz der Judenschaft in den verschiedenen Gebietsteilen des Reiches als ein meist recht einträgliches Lehen vom Kaiser einzelnen großen Herren oder den Stadtobrigkeiten übertragen, verpfändet oder versetzt worden war, so geschah es seit dem ausgehenden Mittelalter auch mit der Schutzherrschaft über einzelne Zünfte, bestimmte Berufe oder Stände. Und ebenso wie dementsprechend beispielsweise die Hafner-Zunft von Ravensburg bis Straßburg zu Ausgang des 15. Jahrhunderts dem Ritter Heman von Offenbach zu Basel übergeben oder verliehen war, die Zunft der Keßler den Pfalzgrafen bei Rhein, die Trompeter und Pauker des Reichsheeres den Kurfürsten von Sachsen zum Oberherrn hatten, so stand dem jeweilig regierenden Herrn von

Abb. 80. Wandernde Musikanten. Kpfr. von Rembrandt um 1634. München, Kupferstichkabinet. B. 119.

Wer iemaln dem gelt lochen vnd etwas dergstalt verdienen wil.
Muß ryssen Seltzam posen vnd täglich bringen nurve spil.

Abb. 81. Spielleute aus dem 16. Jahrhundert. Kpfr. von Lorenz Strauch (1554—1636).
Nürnberg, Germanisches Museum.

Rappoltstein die Obrigkeit über die Musikanten in dem oben näher bezeichneten Teile des Elsaß zu. Die Spielleute der freien Reichsstadt Straßburg und vier Meilen im Umkreis bildeten indessen wieder eine besondere Bruderschaft, „genannt die Bruderschaft der Kronen" oder „zur Kronen", die als Schutzheilige die Mutter Gottes mit dem Kindlein auf den Armen aus dem alten Straßburger Stadtbanner verehrten. Die Bruderschaft, die unter dem Schutze der Rappoltsteiner Herren stand, hielt sich dagegen zur wunderthätigen Mater dolorosa von Dusenbach.

Das Jahr 1400 ist dasjenige, zu dem wir zuerst etwas über diese Bruderschaft erfahren. Am 22. April dieses Jahres verlieh Schmaßmann (Maximilian) Herr von Rappoltstein das „Amt des Königreichs fahrender Leute" seinem Pfeifer Henselin, nachdem Heintzmann Gerwer, der Pfeifer, dasselbe krankheitshalber niedergelegt hatte. Im Jahre 1434 ward Lober, der Trummeter Schmaßmanns, mit dem „Pfeiferkönigtum" begabt. Diesen Königen mußten von den Mitgliedern der Bruderschaft alljährlich am St. Jakobstag (25. Juli) Abgaben entrichtet werden, zunächst in Naturalien, seit 1460 in Geld. Vom 31. Oktober 1481 datiert ein Lehnbrief, durch den Kaiser Friedrich III. Wilhelm dem I. von Rappoltstein die „Dienste und Obrigkeit der Spielleute, so von uns und dem heiligen Reich zu Lehn [her]rühren" und schon seine Vorfahren von Kaiser und Reich zu Lehen getragen hätten, bestätigt. Aus dem Jahre 1494 stammt die erste uns bekannte Ordnung der Bruderschaft, die dann in der Folgezeit und zwar bis zum Jahre 1718 mehrfache Erneuerungen, Veränderungen, Ergänzungen erfährt.

Nach Artikel 1 dieser Statuten sollte jedem gewerbsmäßigen Musikanten, der sich nicht in die Bruderschaft aufnehmen ließ, sein Instrument entzogen, er selbst in eine Geldstrafe verurteilt werden. Eine ganz ähnliche Bestimmung enthielt auch eine Verordnung des Rats zu Straßburg vom Jahre 1511 hinsichtlich der dortigen Pfeiferbruderschaft. Als Aufnahme-Bedingungen werden sodann in den folgenden Artikeln (der Fassung von 1606) der Eid der Treue und des Gehorsams gegen den „König", das Gericht und die bestehenden Satzungen, fleckenlose, eheliche Geburt, Einwilligung der Herrschaft, der der Aufzunehmende bis dahin angehörte, einjährige Lehrzeit für die Musikanten auf dem Lande, zweijährige für die in den Städten und ein bestimmtes Eintrittsgeld aufgezählt. Die übrigen Paragraphen dieser aus 26 Artikeln bestehenden Statuten von 1606 beschäftigen sich mit den Pflichten der Mitglieder gegen einander, der Verehrung, die ein jeder der Mutter Gottes von Dusenbach schuldig ist — jedes Mitglied soll ihr zu Ehren eine silberne Denkmünze mit dem Bilde der Schutzpatronin tragen, die Marienfeste mit Andachtsübungen und Almosengeben begehen, auch alljährlich eine Messe lesen lassen —, endlich mit dem Gericht, das aus dem von dem Schutzherrn ernannten Könige oder Schultheiß und einer Anzahl von der Bruderschaft gewählter und vom Schutzherrn bestätigter Beisitzer besteht, und den von diesem Gericht gegen ungehorsame Mitglieder zu verhängenden Strafen. Auferlegte Strafgelder, so war darin bestimmt, mußten dem Schutzherrn, der also auch hier keineswegs leer ausging, etwa nach laut des Urteils zu lieferndes Wachs der Kapelle von Dusenbach zufallen. Das Pfeifergericht, von dem nur noch an das herrschaftliche Gericht als letzte Instanz appelliert werden konnte, fand ursprünglich einmal im Jahre und zwar in Weiler im Albrechtsthale, dann in Schlettstadt, schließlich in Rappoltsweiler selbst statt. Später indessen, als die Zahl der Mitglieder sich ungemein vermehrt hatte — 1745 zählte man im ganzen 751 — ward die Bruderschaft in eine obere, mittlere und untere geteilt, in deren jeder nun alljährlich ein Pfeifertag abgehalten wurde. Alt-Thann, Rappoltsweiler und für den dritten Bezirk Rosheim, Mutzig oder Bischweiler waren seitdem die Versammlungsorte. Der letzte Pfeifertag ist 1789 zu Rappoltsweiler gefeiert worden. Die große französische Revolution fegte auch diese eigentümliche Institution der Vorzeit, die ganz ähnlich auch, wie schon angedeutet wurde, für verschiedene andere deutsche Städte und Gebiete zu Recht bestand, mit eisernem Besen hinweg.

Es war aber nicht allein der praktische Nutzen, der aus dem Schutz vor ungeordneter Konkurrenz entsprang, wodurch diese Bruderschaften, solange sie bestanden, für ihre Mitglieder besonderen Wert

III, 5. Die fahrenden Gaukler im ausgehenden Mittelalter

Abb. 82. Dorfmusikanten. Kpfr. von Dietrich 1756. Nagler III. 395.

erhielten. Der feste Zusammenhalt und die Förderung, die sie gelegentlich durch wohlwollende Schutzherren erfuhren, gewährten ihnen noch manche andere Vorteile, wirkten vor allem auf ihre soziale Stellung günstig ein. So gelang es 1480 den fortgesetzten Bemühungen Wilhelms I., Herrn von Rappoltstein, für die seinem Schutze unterstellte Bruderschaft von dem Kardinal-Legaten Julianus die Aufhebung des kirchlichen Bannes, dem bis dahin, wie früher auseinandergesetzt worden ist, alle Spielleute verfallen waren, zu erwirken, und Bischof Wilhelm von Straßburg bestätigte 1508 diese Lossprechung der Spielleute vom Banne für seine ganze Diöcese. Die „dilecti in Christo fistulatores", wie die Mitglieder der Bruderschaft nun gelegentlich genannt werden, durften von jetzt an wieder teilhaben am Sakrament des Abendmahls, mußten sich aber fünf Tage vor und nach dem Genusse desselben der Ausübung ihres noch immer vom christlichen Standpunkt als anrüchig geltenden Berufes enthalten.

Die fahrenden Gaukler dagegen verharrten nach wie vor und noch für lange Zeit in völliger Unehrlichkeit. Gleichwohl scheint auch ihre Zahl, wie die der seßhaft werdenden Musikanten, in der zweiten Hälfte des Mittelalters noch eher zu als abgenommen zu haben. Von fahrenden Sängern und Sprechern ist noch vielfach die Rede, wenn auch ihre Kunst sich nur selten mit derjenigen aus den Zeiten des Minnesangs wird haben messen können. Ihr wie der übrigen herumziehenden Künstler Leben und Treiben blieb im wesentlichen das gleiche, wie es sich uns schon in den vorausgehenden Jahrhunderten dargestellt hat, und auch ihre Beliebtheit litt unter den veränderten Zeitläuften im allgemeinen nur wenig. Wie früher strömten zu einem glänzenden Feste die fahrenden Spielleute von allen Seiten zusammen, und Wilwolt von Schaumburg erzählt von Karl dem Kühnen, daß eine große Schar von Sängern mit ihm und seinem Hofe überall hingezogen sei, deren Unterhaltung dem Herzoge nach Karls eigener Rechnung 10000 Gulden gekostet habe. Ebenso bleiben natürlich die aus verschiedener Begabung und Fähigkeit, Beliebtheit und Eigenart der Spielleute wie von selbst sich ergebenden gesellschaftlichen Unterschiede und die oft schroffen Gegensätze zwischen Arm und Reich, von den vor den Kirchen die Laute schlagenden und singenden

IV. Die neuere Zeit

blinden Bettlern bis zu dem stolzen, mit mehr als zwölf Pferden und einem Garderobewagen einherziehenden „Spielweib" König Wenzels II. von Böhmen, von dem uns Ottokar in seiner österreichischen Reimchronik berichtet, auch fernerhin bestehen. Diese Gegensätze auch unter den fahrenden Leuten ins Maßlose zu steigern, ist freilich erst unserer Zeit vorbehalten geblieben.

Wenn man bei der Wende des 15. und 16. Jahrhunderts einen tiefen Einschnitt macht, mit dieser Zeit und den bedeutsamen Ereignissen, die sich in ihr vollzogen, eine neue Epoche der Weltgeschichte beginnen läßt, so hat diese Teilung ohne Zweifel auch in höherem Sinne ihre Berechtigung, denn die Erfindung Gutenbergs, die gewaltigen Länderentdeckungen und Luthers großes Werk führen in der That ähnlich wie die Fortschritte und Erfindungen auf naturwissenschaftlichem und technischem Gebiete in der ersten Hälfte des 19. Jahrhunderts einen völligen Kulturwandel herbei. Daß damit auch eine Umwandlung des Wesens, des Thuns und Treibens speziell der fahrenden Leute Hand in Hand gegangen sei, kann man indessen nicht behaupten. Mehr als alle übrigen Stände und Berufe verharren sie auch fernerhin in den alten Bahnen, und so wäre bei der Betrachtung ihres Entwicklungsganges gerade hier einen Abschnitt zu machen, eigentlich überflüssig. Wir machen ihn auch weniger in chronologischem als in sachlichem Sinne. Wie im vorigen Kapitel — anschließend an die Darstellung der wesentlichen Veränderungen des Zustands der Fahrenden während der zweiten Hälfte des Mittelalters — große Gruppen fahrender Leute, vornehmlich Glieder jenes äußeren Kreises, der fahrenden Leute im weiteren Sinne, wie die Bettler, Zigeuner, fahrenden Schüler u. s. w. in ihrer Entwicklung über die Jahrhundertwende hinaus bis weit in die neuere Zeit hinein verfolgt worden sind, während die Behandlung der Spielleute und sonstigen Gaukler mehr zurücktrat, so sollen in diesem Abschnitt eben das Leben und die Künste der letzteren wiederum im Vordergrund stehen. Was dabei Allgemeines über sie gesagt werden wird, kann zum größten Teil auch bereits für die letzten Jahrhunderte des Mittelalters Gültigkeit beanspruchen, und ebenso will das früher über die Bettler ıc. Gesagte zugleich als die notwendige Ergänzung dieses Kapitels angesehen werden. Wir kommen in demselben auf alle diese Verhältnisse, an denen sich in der Folgezeit nur wenig ändert, ausführlicher nicht mehr zurück.

Ehe ich jedoch die fahrenden Gaukler der neueren Zeit nach Stand und Art geordnet vor dem Leser Revue passieren lasse, wobei die für diesen Zweck bisher noch wenig ausgebeuteten Nürnberger Ratsverlässe und Chroniken meine Hauptquellen abgeben werden, ist doch zuvörderst hervorzuheben, daß es natürlich falsch wäre, anzunehmen, die veränderten Zeitverhältnisse hätten überhaupt gar keinen Einfluß auf unsere Fahrenden ausgeübt. Jedes Ereignis von weltgeschichtlicher Bedeutung zieht die weitesten Kreise, wirkt

Abb. 83. Fechter mit Schwertern. 16. Jahrhundert. Kpfr. von Franz Brun. 1559.
Wien, k. k. Kupferstichsammlung. B. 58.

Abb. 84. Fechter mit Dolchen. Kpfr. von Franz Brun. 1559. Wien, k. k. Kupferstichsammlung. B. 57.

bis in die untersten Schichten der Bevölkerung hinab. So sehen wir auch das fahrende Volk durch jedes einzelne solcher Ereignisse beeinflußt, sehen bestimmte Gruppen desselben verstärkt, vermindert oder auch neu geschaffen werden. Nur sein innerstes Wesen hat, wenigstens vom 16. bis zum 18. Jahrhundert, eine eigentliche Wandlung dadurch, wie gesagt, kaum erfahren.

Knüpfen wir noch einmal an den mächtigen Aufschwung des Städtewesens in den letzten Jahrhunderten des Mittelalters an! Daß die Pflege der Poesie — freilich nicht zum Vorteil der Kunst — von den ritterlichen Minnesingern an Bürger und Handwerker überging, sahen wir bereits. In ähnlicher Weise traten den trotz der Bemühungen Kaiser Maximilians auf dem Aussterbeetat beharrenden Turnieren etwa gegen den Schluß des 15. Jahrhunderts die lebenskräftigen „Fechtschulen", zumeist von Handwerkern ausgeführte Waffenspiele, an die Seite, und das 16. Jahrhundert bietet als die Blütezeit des deutschen Handwerks nicht nur die üppigste Entfaltung des Meistergesangs, sondern auch der Fechtkunst. Die Bruderschaften dieser Fechter, namentlich die von St. Marcus (Marxbrüder) und später die Gesellschaft der „Freifechter von der Feder" und die Lucas- oder Luxbrüder, waren über ganz Deutschland ausgebreitet. Die Marxbrüder hielten zu Frankfurt während der Meßzeit ihre Versammlungen ab und verliehen dann auf Grund eines kaiserlichen Privilegs für hervorragende Leistungen in ihrer Kunst feierlich den Titel eines „Meisters des langen Schwerts", denn die richtige Führung der Langschwerter, jener mächtigen Zweihänder

von fast Manneshöhe, noch zahlreich in Waffensammlungen vorhanden, erforderte die meiste Geschicklichkeit und Kraft. Daneben mußte man noch in manchen anderen Waffen geübt sein.

Da die Obrigkeiten solche Fechtübungen ihrer Bürger gern sahen und begünstigten, so wuchs die Liebhaberei beständig und erreichte bald nach der Mitte des 16. Jahrhunderts ihren Höhepunkt. Wie aber der Meistergesang bei allen Vorzügen weniger in künstlerischer als kultureller Beziehung den Nachteil mit sich brachte, daß namentlich in späterer Zeit, als das Handwerk seinen goldenen Boden mehr und mehr schwinden sah, mancher brave Handwerksmeister, der ein winziges Talentchen besaß, nur zu häufig über dessen Pflege seinen Beruf vernachlässigte, wohl gar von seiner Kunst leben zu können vermeinte und sein Handwerk an den Nagel hing, um den Singschulen nachzuziehen, so sehen wir auch infolge jener gewaltigen, fast allgemeinen Liebhaberei die Zahl der Berufsfechter, die von Stadt zu Stadt und von Land zu Land zogen und sich in ihrer Kunst produzierten, gar bald in rascher Zunahme. Gefehlt haben sie ja unter den Scharen der fahrenden Leute seit den Tagen der Römer ohne Zweifel nie völlig (vgl. insbesondere „Schaer, Die altdeutschen Fechter und Spielleute"), und zum Jahre 1446 hören wir beispielsweise von einem italienischen Springer und Seiltänzer — er ging in Holzschuhen auf dem Seil —, der sich in Nürnberg sehen ließ und von dem Chronisten unter anderem auch als ein guter Schirmer (d. h. Fechter) und Ringer geschildert wird.

Die Kunst solcher Berufsfechter artete dann

freilich nicht selten in allerlei Künstelei und Geschmacklosigkeiten aus, worin sich namentlich die Klopffechter des 17. und 18. Jahrhunderts hervorgethan haben. So ließ 1626 im Heilsbronner Hof zu Nürnberg ein Franzose seine „wunderlichen Spiele mit zwei Wehren und einer Pike" zwei Tage lang sehen, und auch sonst berichten die Ratsverlässe noch verschiedentlich über solche Pikenspieler, Fahnenschwinger u. dergl. Dazwischen produzieren sich nach wie vor und bis tief in das 18. Jahrhundert hinein die „Frei- und Kunstfechter des langen Schwerts", so noch 1754 Hans Joachim Ohlsen, ein „angelobter Meister des langen Schwerts von Greifenfels", wie er sich nannte, in Hamburg. Er stritt, wie es heißt, mit allen Gewehren, vom kürzesten bis zum längsten und zwar mit Dilettanten um einen Dukaten, mit seinen Waffenbrüdern aber bis aufs Blut. Die Zwischenpausen füllte er mit Pistolenschießen nach Türkenköpfen, Pikenwerfen, Fahnenschwingen u. s. w. aus. Indessen war damals das Interesse des Publikums an derartigen Produktionen doch bereits im Erlahmen begriffen. Man wandte sich von den Fechterkünsten mehr und mehr den Schießübungen, dem Schützenwesen zu, und damit nahm auch die Zahl der Kunstfechter rasch ab und die „Fechthäuser" der Städte sahen schließlich gar keine Fechtschulen mehr, sondern nur noch Schaustellungen anderer Art, in Nürnberg z. B. auch von den Metzgern veranstaltete Ochsen- und Bärenhetzen, deren letzte erst am 25. August 1801 stattfand.

Auch die neu erfundene Buchdruckerkunst war nicht ohne Einfluß auf die fahrenden Leute. Sie schuf vor allem eine neue Art von Hausierern, die sich den Verschleiß der von Anfang an massenhaft erscheinenden Flugblätter und Flugschriften zum Gewerbe machten. Die Volkslieder, die da ge-

Abb. 85. Fechtschule der Klopffechter im Heilsbronner Hof zu Nürnberg. Kpfr. von J. F. Henkel 1623. Nürnberg, Germanisches Museum.

Kundt vnnd zu wissen sey jeder männiglich/ das
alhier kommen ist ein frembder Maister/ Welcher mit sich gebracht hat/ ein
wunderbarliches/ lebendiges Thier/ auß Egyptenlandt/ welches Hende vnd Füsse hat/ gleich
wie ein Mensch/ welches auch den grossen/ vngehewren vnd gifftigen
Crocodill vmb sein Leben bringet.

Dieses Thier wirdt genennet Ichneumon, vnnd wirdt in Egypten
gefunden/ die Einwohner deß Landts/ sonderlich zu Alexandria, haben solches Thier
gern vmb sich/ dieweil es dem schädlichen Vngezieffer vñ Gewürme sehr nachtrachtet/
vnd dasselbige lebendig auffrisset/ als nemblich/ Meuse/ Aeffet/ Eyderen/ vnnd den
Thierlein Camelion, ꝛc. Item allerley art der Schlangen/ auch streitet es mit der gifftigen Schlangen Aspis. Fürnemblich aber setzet es dem vngehewren Crocodil hart zu welcher in Egypten vmb den fluß Nilo an Menschen vnd viehe grossen schaden thut/ dañ es ihm (wo es nur kan) seine Eyer auffspehet/ vnd dieselbigen zerbricht. Es verbirget sich auch im staube der Erden/ vnd thut sich mit Schlam vnd Koth an/ vnd wann der Crocodil sich voll gefressen hat/ schlaffet/ ruhet/ vñ seinen Rachen auffsperret/ so schleicht es hin zu/ vnd kreucht in seinen Leib hinein/ zerbeist vnd zernagt ihm seine Därm vnd magen/ dadurch dann der Crocodil sterben muß/ vnnd beisset sich alßdann wider lebendig herauß. Derhalben die alten Egypter solches Thier angebetten/ vnnd hoch gehalten. Welches auch von den Gelehrten/ als eine Figur deß Herren Christi/ der auch dem Todt seine Macht genommen/ vnnd erwürget hat/ angezogen wirdt/ ꝛc.

Getruckt zu Straßburg bey Niclaus Waldt/ am Kornmarckt.

Abb. 87. Vorführung von Bildern mit Gesang. Kpfr. von J. W. Meil ca. 1770. Berlin, Kupferstichkabinet.

druckt waren, sangen sie wohl selbst den Leuten vor. Dazu kamen mehr oder weniger sensationell gehaltene Berichte über Naturereignisse, Unglücksfälle, Verbrechen, Mißgeburten u. s. f., sowie über Vorgänge in der Zeitgeschichte und Politik. Auch diese Berichte endigen vielfach mit einem rekapitulierenden, schlecht und recht zusammengereimten Liede mit lehrhaftem Schluß, durch das sich der Inhalt besser einprägen und durch dessen Vortrag zugleich die Kauflust wachgerufen werden sollte. Blätter und Schriftchen dieser Art, deren Aufkommen den Anfang des Zeitungswesens bildet, wie sie denn häufig als „Neue Zeitung" bezeichnet sind, ihre Verkäufer meist „Zeitungssinger" genannt werden, haben sich zahlreich erhalten, wenn auch die Menge des noch Vorhandenen sicherlich in gar keinem Verhältnis steht zu der Unmenge, in der diese leicht vergänglichen Sachen im 16. und 17. Jahrhundert auf den Markt gebracht worden sind. Häufig auch bieten unsere Quellen Nachrichten über diesen Gegenstand. So wird 1550 in Nürnberg dem bekannten Briefmaler Hans Adam erlaubt, „die zu Augsburg gedruckte vierfüßige Taube" in Nürnberg feilzuhalten, am 18. April 1551 dagegen den Briefmalern, die „das gestern hie geborne Kind, das vier Hände und Füße und auch vier Ohren gehabt, in Druck zu bringen gebeten haben", solches Begehren abgeschlagen und ebenso 1590 dem Briefmaler Balthasar Gall „das begehrte Drucken des vor wenigen Tagen bei der Nacht allhier gesehenen Chasmatis" (Meteor, Himmelserscheinung) vom Nürnberger Rat untersagt, „dieweil es dermaßen nit, wie's gesehen worden, entworfen, sondern hin und wieder mit Pfeilen vermischt, deren doch keiner gesehen worden, ohne (d. h. außer) was sich der Buchdrucker oder Briefmaler selbst imaginiert hat."

Bei der beständig zunehmenden Zahl der Hausierer mit solchen Schriften und Blättern wurden nun auch hier, ähnlich wie wir es bei den Bettlern kennen gelernt haben, von den Obrigkeiten der Städte nicht selten Maßregeln gegen den Andrang namentlich der fremden Zeitungssinger getroffen. Charakteristisch dafür ist u. a. ein Nürnberger Ratsverlaß vom 1. Februar 1594, in dem „auf der Buchführer (d. h. Buchhändler) und Briefmaler Supplikation um Abschaffung der Neuen Zeitungs-Träger und Liedersinger auf den Gassen und in den Wirtshäusern" den Stadtknechten befohlen wird, „wo sie solche Landfahrer betreten, dieselben bis auf weiteren Bescheid in die Eisen zu führen". Gleichwohl kommen Zeitungssinger, auswärtige wie einheimische, auch später noch häufig in den Nürnberger Ratsverläßen vor. So wird am 25. April 1711 ein solcher zur Rechenschaft gezogen, weil er ein „unförmliches Lied der Kaiserlichen Majestät Todesfall betreffend" abgesungen hat. Zum 30. Juli 1729 heißt es, daß man den „anhero kommenden Zeitungssingern ihre Lieder wohl untersuchen" soll, und 1736 ist von einem Zeitungssinger auf der Fleischbrücke die Rede, der katholische Lieder singe, wobei Leute sich fänden, die niederknieten und ihm Geld in seine Büchse thäten.

In der zweiten Hälfte des 18. Jahrhunderts mit der Zunahme der zuerst allwöchentlich, dann mehrmals die Woche erscheinenden Zeitungen in unserem Sinne nimmt das Vorkommen der Zeitungssinger merklich ab, und nur in den Sängern der Mordgeschichten oder Morithaten auf unseren Jahrmärkten hat eine Abart der alten Zeitungssinger ihr Leben bis in unsere Zeit hinein gefristet. Solche Fahrende, die ihren Singsang durch große, grelle Bilder illustrieren, kommen, wie es scheint, in der zweiten Hälfte des 17. Jahrhunderts zuerst vor (vgl. Abb. 87).

Daß zu allen Zeiten Kriege und Fehden in erheblichem Maße auf die Masse des fahrenden Volkes eingewirkt haben, braucht wohl kaum besonders hervorgehoben zu werden und leuchtet namentlich für die früheren Jahrhunderte ohne weiteres ein, wenn wir die Berichte über die Zusammensetzung der großen Heere jener Zeit und insbesondere über ihren Troß lesen und bedenken, daß ein großer Teil dieser Massen sich nach Beendigung des Krieges oder Feldzugs, des Berufs und der Beschäftigung beraubt, bettelnd und stehlend oder gar raubend und mordend durch die Lande herumtrieb. Fast unglaublich klingt es, daß, wie die Speierer Chronik berichtet, als 1444 der Dauphin von Frankreich mit 40000 Armagnaken in das Elsaß einfiel, sich bei seinem Heere 60000 „Blutzapfen und nackend Volk", darunter an 400 berittene Weiber befunden hätten. Nach Conrad Stolles thüringischer Chronik betrug das Heer, mit dem Karl der Kühne 1474—1475 Neuß belagerte, 40000 „guter redlicher Mannschaft", wozu aber noch ein Troß von insgesamt etwa 30000 Köpfen kam. Darunter waren allein 4000 gemeine Weiber, die sogar von dem Profoß, der sonst auch wohl Hurenweibel genannt wird, auf ausdrücklichen Befehl des Herzogs, wie Wilwolt von Schaumburg berichtet, zu den Schanzarbeiten herangezogen wurden, ein Fähnlein bekamen, auf dem eine Frau gemalt war, und alltäglich unter Trommeln und Pfeifen auszogen.

Als dann einige Jahre später mit Karl dem Kühnen auch seine ehrgeizigen Pläne ins Grab sanken und seine Heere sich auflösten, vermehrten die herrenlosen Kriegsknechte samt ihrem Anhang von Weibern und Kindern meist das schon aus früheren Kriegen hervorgegangene Landsknechtsgesindel, das, teilweise sogar mit kaiserlichen Freibriefen versehen, vor allem das Landvolk oft in der grausamsten Weise brandschatzte. Dieselbe Wirkung hatten die mannigfachen Kriege und Fehden des ritterlichen Maximilian, und der „gartende" Landsknecht ist eine typische Figur recht eigentlich erst des ausgehenden 15. und des 16. Jahrhunderts. Nach längerem Vagabundenleben war dann solches Gesindel gewöhnlich auch nicht mehr zum Kriege zu gebrauchen. Als Maximilian 1490 eine Menge solcher Landstreuner zu seinem Zuge gegen die Ungarn geworben hatte, ließen sie ihn vor Ofen im Stich, worüber ergrimmt er nach seiner Rückkehr eine große Anzahl derselben als fahneneidbrüchig ergreifen und mit Schwert, Wasser, Strick und Feuer hinrichten ließ.

Der einzeln oder zu wenigen Umherstreifenden konnte man sich überhaupt noch zur Not erwehren. Schlimmer war es, wenn diese verabschiedeten Söldner sich zu größeren Haufen zusammenthaten oder sich gar mit allerlei anderem Gesindel zu förmlichen Räuberbanden vereinigten. Zu solchen haben die Überreste von Kriegsheeren, haben entlassene Soldaten stets ein erhebliches Kontingent gestellt, wie gleichzeitig die alle Ordnung und Sitte, Land und Kultur auf Jahre und Jahrzehnte hinaus verwüstende Kriegsfurie stets wie nichts anderes den Boden für die Bildung von Räuberbanden bereitet hat. Mit Recht sagt daher Avé-Lallemant in seinem mehrfach zitierten Buch über das deutsche Gaunertum, daß „die Geschichte des Räubertums nicht minder eine Sittengeschichte des Bürgertums als auch eine Sittengeschichte der Polizei" genannt werden könne.

Räuber und Räuberbanden hat es zu allen Zeiten und, je mehr die Zeitumstände der Erscheinung günstig waren, um so zahlreicher gegeben, und auf die Strauchdiebe, Wegelagerer, „Landzwinger", wie man im 16. und 17. Jahrhundert die Landfriedensbrecher nannte,

„Ritter, Räuber, Reutersknaben
Die der Buben Orden haben",

wie es in dem „Fehdebuche des Hans Thomas von Absberg und seiner Helfer" heißt, ist schon gelegentlich Bezug genommen worden. Es hätten auch bereits aus jenen früheren Zeiten richtige Räuberbanden, wie sie beispielsweise in der zweiten Hälfte des 14. Jahrhunderts die Gegenden um

Abb. 82. Heerestroß. Holzschnitt aus dem Triumphzug Maximilians I. Berlin, Kupferstichkabinet. B. 81, 129.

Hurnweibel.

Abb. 89. Hurenweibel mit Dirne. Holzschnitt des Monogrammist H. D. 1545. Aus: Graf Reinhart zu Solms,

Mainz unsicher machten, erwähnt werden können. Eine neue gewaltige Zunahme des Räuberunwesens datiert jedoch erst aus der Zeit, von der wir hier handeln, was ohne Zweifel einerseits mit den erwähnten häufigen Kriegen und Fehden, andererseits mit der früher geschilderten Ausartung eines Teiles des Bettlertums zum Betrüger- und Gaunertum, drittens endlich mit dem Bauernkrieg und seinen Folgen auf das engste zusammenhängt. Der Bauernkrieg hat nach der Meinung Avé-Lallemants den ersten Grund gelegt zur Existenz und Fortdauer jener großartigen Räuberbanden, deren freche Gewalt im dreißigjährigen Kriege ihren Höhepunkt erreichte.

Wenn jene eigenartige Entwicklung des Bettlertums, deren eigentlichen Ausgangspunkt wir gelegentlich unserer Betrachtung über das erste Auftreten der Zigeuner kennen gelernt haben, zusammen mit der fortdauernden, sich nicht nur in gesellschaftlicher, sondern auch in rechtlicher Hinsicht nach wie vor geltendmachenden Mißachtung des jüdischen Volkes ohne Zweifel als die Ursachen anzusehen sind, weswegen uns noch bis ins 19. Jahrhundert hinein gerade Juden so häufig als Mitglieder von Räuberbanden begegnen, so ist vielleicht der Bauernkrieg der erste Anlaß gewesen, das Räubertum mit jenem Schimmer von Idealität zu umgeben, in dem es uns nicht erst seit den Tagen Schillers und der Romantiker gelegentlich geschildert wird. Denn mit den geschlagenen und nun geächtet und flüchtig herumirrenden Bauern, die durch die Macht der Umstände schließlich dem Räubertum in die Arme getrieben wurden, erhielt dieses den stärksten Zufluß gerade an solchen Elementen, die, obgleich nicht ganz ohne eigene Schuld, doch in der That erheblichen Grund hatten, mit dem Geschick und ihrer Mitwelt zu hadern, sich lediglich als die Opfer schwerer sozialer Mißstände anzusehen, und sich nun vom Schicksal sei es zur Besserung dieser Schäden oder zum Werkzeug der Rache, des über die Gesellschaft verdientermaßen hereinbrechenden Strafgerichts ausersehen glaubten. Mit solchen größeren, der moralischen Basis nicht ganz ent-

Abb. 90. Kriegsknecht mit Jungen auf Beutzug. Fliegendes Blatt von Nicolaus Meldemann in Nürnberg um 1530. P. 14.

Weil nichts mehr wahr verhandn, als dies Beuth allein,
deß Landmanns Schweiß und bluth. Muß alles unser san.

Abb. 91. Marodierende Soldaten zur Zeit des 30jährigen Krieges. Kpfr. aus: C. Richter, Soldatenleben 1642.

behrenden Gesichtspunkten, die seitdem stets hin und wieder in der Geschichte des Räuber- und Gaunertums hervorgetreten sind, mag dann wieder der lebhafte, bis zu scheuer Bewunderung gesteigerte Anteil zusammenhängen, den das Publikum der folgenden Jahrhunderte an den Geschicken und der Persönlichkeit großer Räuber genommen hat, eine Art von Verehrung, die dem Mittelalter fremd gewesen zu sein scheint und sich aus dem starken Eindruck, den die rohe Kraft solcher Erscheinungen, den ins maßlose gesteigerte Verbrechen und Laster hervorbringen, allein kaum erklären läßt.

Sicher aber geht auf die Zunahme des Räuberunwesens vornehmlich die nun allmählich erfolgende Verschärfung der Gesetze und Verordnungen wie gegen alles landstreichende Gesindel so auch gegen Bettler, Zigeuner, vagabundierende Landsknechte u. s. w. zurück. Mandate, Polizeiordnungen, Edikte, Reskripte u. s. w. dieser Art, die sich inhaltlich in der Regel sehr gleichen, haben sich aus allen Gegenden Deutschlands in großer Zahl erhalten, und es würde zu weit führen, hier des näheren auf dieselben einzugehen. Nur ganz flüchtig mögen etwa ein Nördlinger Statut von 1650, in dem der Rat die Bürger „treulich ermahnen" läßt, „bei diesen geschwinden und ungetreuen Läuften auf die Bettler, Brojer (soviel wie Gaukler, Schwindler), Müßiggänger, Landstreicher und dergleichen Gesindlein ein fleißiges Aufmerken zu haben", oder die Polizeiordnung Maximilian Henrichs, Erzbischofs von Köln, vom Jahre 1665 hier angezogen sein, die in ihrem 135. Artikel vorschreibt, daß „die fremden ausländischen Bettler, insgleichen die Nachseher (etwa = Hehler?) und Wickers (Zauberer, Gaukler) in den Städten, Flecken oder Dörfern nicht gelitten, sondern ausgewiesen werden sollen, damit die einheimischen armen und gebrechlichen Leute desto besser erhalten werden können". „Den Soldaten und Landsknechten", heißt es weiter (Art. 136) — die Marginalnote bezeichnet sie als „Gardebrüder" — „oder deren Weibern soll nichts gegeben oder abgekauft werden, bei Strafe von 10 fl. So aber ihnen der Sold nicht gereicht wird, steht jedem frei, nach seinem Belieben etwas zu geben". „Die jungen starken Bettler", so lautet Artikel 137, „welche arbeiten, Vieh und dergleichen hüten können, ingleichen die Tartaren, Zigeuner, Wahrsager, Schalksnarren, Landfahrer, unnütze Sänger und Reimsprecher" — da hätten wir die ganze Gesellschaft bei einander —, „als welche unseren Stifts-Unterthanen zum höchsten beschwerlich sein und oftmals viel Böses verüben, soll niemand beherbergen bei Strafe von 15 fl." u. s. w. Noch ausführlicher zählt ein Patent der Schwäbischen Kreisregierung von 1742 die fahrenden Leute jener Zeit auf, indem es sich gegen „alle ausländischen (d. h. nicht dem schwäbischen Kreis angehörigen) Bettler und Vaganten" wendet, „es seien Christen oder Juden, Deserteurs und abgedankte Soldaten, Hausierer oder solche Leute, welche zum Verkauf allerhand geringe Lumpen-Sachen, als Zahn-Stierer, Zahn-Pulver, Haarpuder, Blumensträuß, Schuhschwärze, gedruckte Lieder und dergleichen herum tragen und unter diesem Schein eigentlich betteln, hauptsächlich auch die schändlichen Lieder absingen, fahrende Schüler, Leirer, Sack- und andere Pfeifer, Hackbrettler, Riemenstecher, Glückshafener, Scholderer u. s. w." Der herumstreifenden Soldaten insbesondere ward z. B. auch in einem „Patent" König Friedrich Wilhelms I. von Preußen vom 4. August 1718 gedacht, wonach „alle müßigen Bettler, so als invalide oder abgedankte Soldaten im Lande herumvagieren, arretiert und zur nächsten Garnison, von derselben aber weiter nach Colberg geschickt werden sollen". Ähnlich ordnet ein bayerisches Generalmandat vom 18. März 1793 eine allgemeine Razzia auf „übelbeschriebene (d. h. übelbeschrieene, übelbeleumundete) dienstlose und müßiggehende Personen" im Alter von 17—42 Jahren an. Solche subsistenzlosen Leute sollten aufgehoben und, wenn tauglich (nämlich zum Militär), wohl verwahrt zur nächsten Garnison oder Kommandantschaft behufs Assentierung (d. h. Zuteilung) abgeliefert werden. Auch sonst wird in Bayern, wie in anderen deutschen Staaten, im 18. Jahrhundert noch mehrfach verfügt, daß Streifkommissionen im Lande herumzuschicken seien, um die Vaganten und Müßiggänger — eine bayerische Verordnung von 1768 spricht in diesem Zusammenhange auch von den „Pilgern, Clausnern, verstellten Pfaffen, Bärentreibern oder sogenannten asiatischen Prinzen und dergleichen verdächtigen Leuten" — aufzugreifen und sofort abzuwandeln.

Speziell gegen offenbare Räuber und überführte Diebe ist in früheren Zeiten stets mit der größten Strenge, ja Grausamkeit verfahren worden, und die Hinrichtungen berüchtigter Räuber mit Rad und Galgen und Foltern aller Art, von denen uns genauere Berichte vorliegen, spotten zuweilen jeglicher Beschreibung. Dennoch ist bis in das letztverflossene Jahrhundert hinein das Räuberunwesen in Deutschland auf keine Weise auszurotten gewesen, und namentlich haben Kriegsunruhen und Kriegselend es stets in gleicher schrecklicher Gestalt mächtig gesteigert erstehen lassen. So allen voran der entsetzliche, unser Vaterland und seine Kultur um Jahrhunderte zurückwerfende dreißigjährige Krieg, so auch der spanische Erbfolgekrieg, die Zeit der zahllosen Schandthaten des Lips Tullian und seiner Genossen, des größten deutschen Gauners im 18. Jahrhundert, der 1715 zu Dresden hingerichtet wurde, so der siebenjährige Krieg und nicht minder die zerrüttenden Wirren mit Frankreich um die Wende

Ausschleifung und Execution des Bayrischen Hiesels
So wie solche den 6. Sept. 1771 auf einem dazu bereiteten Gerüst vor der Hoch-Fürstl. Residenz-Stadt Dillingen vollzogen worden, nach dem Leben und wie es vorgegangen vorgestellt

Abb. 92. Hinrichtung des bayerischen Hiesels 1771. Kpst. von Jac. Andr. Friedrich.
München, Kupferstichkabinet.

des 18. und 19. Jahrhunderts, insbesondere die Napoleonischen Kriege. Vor allem die Namen des Matthias Klostermayer, genannt der "Bayerische Hiesel", der mit seiner Bande im siebenten Jahrzehnt des 18. Jahrhunderts die Gegenden um Dachau in Oberbayern unsicher machte (erdrosselt zu Dillingen 1771) und des gewesenen Scharfrichtergehilfen Johannes Bückler, genannt Schinderhannes, der am Rhein sein Wesen trieb und 1803 zu Mainz guillotiniert wurde, haben sich aus jenen Zeiten bis heute im Gedächtnis der Menschen erhalten, und für die Zustände, die in den ersten beiden Jahrzehnten des 19. Jahrhunderts im Norden Deutschlands herrschten, ist die Thatsache charakteristisch, daß in Schleswig-Holstein, Hamburg, Lübeck und den benachbarten Teilen Hannovers und Mecklenburgs in den Jahren 1802—1817 3172 Verbrecher bestraft oder steckbrieflich verfolgt worden sind.

Wie bei Schinderhannes, der u. a. Geleits- oder Sicherheitskarten ausstellte (vgl. Abb. 93) und mit den übrigen rheinischen Landen bis nach Holland hinein in engem Konnex stand, finden wir auch sonst bei den Räuberbanden des 18. und beginnenden 19. Jahrhunderts gelegentlich eine bis ins Einzelne gehende Organisation. Erteilte doch beispielsweise der Krummfinger-Balthasar um die Mitte des 18. Jahrhunderts an Mitglieder seiner insgesamt aus 150 Köpfen bestehenden, in ihren Anfängen bis in den Schluß des 17. Jahrhunderts zurückreichenden Bande sogar Titel und Chargen eines Hofrats, Oberamtmanns, Regierungsrats, ja selbst den Adel, führte ein eigenes Siegel, richtete, strafte nach einem bestimmten geschriebenen Rechte, dem "Plattenrechte", bekümmerte sich auch um die weitere Ausbildung und Aussprache der Gauner- oder "Plattensprache" u. s. f. — Erst das spätere 19. Jahrhundert hat mit der fortgesetzten Verbesserung seiner Rechts- und Polizeiverhältnisse dem eigentlichen Räuberwesen ein Ende bereitet. Schwerer beizukommen ist dem oft gleichfalls weit verzweigten Diebs- und Einbrecherwesen, das uns hier jedoch, da es vor allem in den großen Städten zu Hause ist und die Geschichte der fahrenden Leute weniger berührt, nicht weiter zu beschäftigen braucht.

Von den dem Gaunerwesen nahe verwandten Gruppen unstet und heimatlos umherziehender Menschen muß dagegen noch eine wenigstens Erwähnung finden, die ihren Ursprung gleichfalls in den veränderten Zeitverhältnissen um die Wende des 15. und 16. Jahrhunderts hat, das sind die seit jener Zeit plötzlich in großer Zahl auftretenden Abenteurer oder Glücksritter aller Art, von den

Abb. 93. Bildnis des Schinderhannes sowie Abbildung einer Sicherheitskarte. Gleichzeitiges Kpfr. Nürnberg. Germanisches Museum. (Merkel'sche Sammlung.)

in irgend eine Idee verrannten, teilweise selbst steif und fest an sich und ihre Mission glaubenden "Erfindern", Alchymisten, Arcanisten, Geisterbeschwörern u. s. f. bis zu den Betrügern großen Stils, die wir heute Schwindler oder Hochstapler nennen würden. Wir gehen wohl nicht fehl, wenn wir die starke Zunahme solcher Erscheinungen, die freilich auch früher nie ganz gefehlt hatten, mit den die Zeit mächtig erregenden Berichten und Fabeln von den Wundern und Schätzen der Neuen Welt, dem daraus folgenden Gefühl des Unbefriedigtseins, einem nervösen Zug in die Ferne und der Sucht, in kürzester Frist reich zu werden, in Verbindung bringen. Es ist die Zeit des Dr. Faust, mit der wir es zu thun haben, und gerade das 16. Jahrhundert bietet gleich eine große Reihe von Typen aus diesem Kreise.

Nekromanten oder Meister der schwarzen Kunst, Schwarzkünstler, Zauberer finden sich häufig erwähnt. So wird z. B. 1500 zu Nürnberg einem Benedikt Meißner, "der den Teufel in mancherlei Feuer bannen kann", sein Begehren um Vorführung dieser seiner Kunst abgelehnt. Besonders häufig begegnen uns in den Nürnberger Ratsverlässen sodann Abenteurer, die eine "Holzersparungskunst" kennen wollen, zuweilen auch vom Rat zu Versuchen zugelassen werden, in der Regel jedoch mit Schanden bestehen. Wirklichen Erfolg in dieser Hinsicht scheint nur 1581 der auch sonst als erfinderischer Kopf bekannte einheimische Meister Lienhard Danner gehabt zu haben. Mit Unehren abziehen muß natürlich auch ein Italiener Vincentius Pistolozius, der gegen Ende des Jahres 1581 nach Nürnberg kam und im Besitze einer "Kunst, wie man allen Fallimenten zuvorkommen und sonsten auch Geld oder Einkommen machen könne", zu sein glaubte. Vom Rat wurde er mehrfach abgewiesen, ihm auch "das Drucken, Anschlagen und Anrichten seines erdachten und ausspekulierten Vergantprozesses" verboten und schließlich die Weisung erteilt, "Meine Herren (d. h. die Herren des Rats) mit seinen Sachen weiter unmolestiert zu lassen und seinen Pfennig an anderen Orten zu zehren". Den Bürgern aber, "die sich an ihn gehängt und ihre Häuser oder andere Dinge verkaufen wollen", ließ der Rat bedeuten, "solcher Landfahrer müßig zu

Abb. 94. Simplicissimus betrügt als Quacksalber die Bauern. Kpfr. aus Simplicissimus. Nürnberg 1684.

gehen, und, wenn sie etwas zu verkaufen hätten, sich des ordentlichen Prozesses mit Vergantung ihrer Güter zu gebrauchen" (d. h. zu bedienen). Auch ein Zehrgeld, um das er gebeten, ward dem Pistolozius verweigert und ein von ihm verfaßtes Büchlein, das er dem Rat dedizieren wollte, von diesem zurückgewiesen.

Von Schwindlern jener oben charakterisierten zweiten Art mag etwa auf die berüchtigte Hungerkünstlerin und Betrügerin mit Namen Lamalitlin aus Augsburg oder auf jenen Betrüger Hans Vatter von Mellingen hingewiesen sein, der vorgab, von einem Hirten durch den Genuß bläulichen Brodes, das ihm derselbe gegeben, verhext und verdammt worden zu sein, "daß er vom bösen

Abbildung der wunderbarlichen Werckstatt des Weltstreichenden Artzts Simplicissimi,
Darinnen Er als ein landstörtzender Vagant aus eigener Experientz und Practic zuvernemen gibt / Wie etliche Leute imaginirte Haupt-Kranckheiten zu Curiren seyn möchten. Allen Sorgfältigen Haus-Vättern und Hausmüttern/vor Ihre Kinder und Gesinde höchstdienlich/Sinnreich/nutzlich und flössig zugebrauchen.

Abb. 95. Karikatur auf die Quacksalber. Kpfr. aus einem Flugblatt des 17. Jahrhunderts. Berlin, Kupferstichkabinet.

Feind ganzer zwölf Jahre lang" gebunden sein müsse, und in diesem angeblichen Zustande des Gebundenseins aus Mund und Ohren Blut von sich gab. Durch die große Geschicklichkeit, mit der er sowohl das Leiden, wie die blutigen Nebenerscheinungen — er sog sich das Blut aus dem Zahnfleisch und wußte solches auch unbemerkt in die Ohren zu bringen — bewerkstelligte, düpierte er längere Zeit alle Welt, bis er 1562 zu Nürnberg entlarvt wurde. Abb. 96 giebt das Titelblatt eines Schriftchens, das in demselben Jahr über diesen Betrüger und die ihn betreffenden Vorgänge in Nürnberg erschien, wieder. Auch der Hildesheimer Chronist Johann Oldecop handelt ausführlich von ihm in seinen Denkwürdigkeiten.

Nah verwandt mit Schwindlern dieser Art sind dann endlich manche landfahrende Hausierer, die im 15. und 16. Jahrhundert nicht selten ebenfalls kurz als „Abenteurer" bezeichnet werden. Vor den vielen Betrügern unter ihnen warnt bereits der Liber Vagatorum, und die Nürnberger Ratsprotokolle wimmeln von Verlässen, in denen „Landfahrern" oder „Himmelreichern" verboten wird, ihr „Petroleum", „Quirinusöl", „Rosmarinbalsam", „Skorpionöl", „Elefantenschmalz" u. s. w. in Nürnberg feil zu haben. So heißt es zum 19. Juli 1577: „Clasen Körber, den Landfahrer, soll man mit seinem Elefantenschmalz hinwegschaffen und angeloben lassen, desselben (d. h. von demselben) und anderer seiner Krämereien in der Stadt und meiner Herren Gebiet nicht zu verkaufen". Von dem Mißtrauen gegen fliegende Händler überhaupt — „Wannenkrämer" nennt sie Geiler von Kaisersberg nach dem wannenartigen Tragbrett, auf dem sie ihre Kleinwaren zur Schau auslegten — zeugt u. a. das schon in der Nürnberger Polizeiordnung des 15. Jahrhunderts enthaltene Verbot an alle „Bürger, Bürgerinnen, Hintersassen, Unterthanen oder ihnen mit Pflichten Verwandten", ohne Erlaubnis des Rats oder eines der Bürgermeister „einige (d. h. irgendwelche) Schotten (d. h. herumziehende Krämer, Landfahrer) oder Schottinnen, sei es tags oder nachts zu halten, hausen oder beherbergen", bei Strafe von einem Pfund neuer Heller für jede solcher Personen und für jeden Tag oder Nacht, solange sie beherbergt worden sind.

In Claus Körber mit seinem Elefantenschmalz oder einem Niclas Göde von Narva, einem „Landfahrer", dem 1588 vom Nürnberger Rat „das begehrte Feilhaben seines berühmten Planetensteins, der für allerlei helfen soll", abgelehnt wird, desgleichen etwa auch in einem Johann Weber von Arnstadt, der Elentierschmalz feilhielt und dazu gedruckte Zettel „von Tugenden des Schmalzes von Ellenden" verteilte, bis die Herren Doktoren der Arznei sich in einem „Bedenken" gegen seine ärztliche Kunst als eine Betrügerei aussprachen, worauf dann „dieser Landfahrer mit seinem Kram" hinweggeschafft und ihm bedeutet wurde, „werde er sich weiter damit betreten lassen, so werde man ihn ins Loch schaffen" — in allen diesen und ähnlichen fahrenden Händlern — die Beispiele ließen sich aus den Nürnberger Ratsverlässen leicht vermehren — haben wir wohl bereits die richtigen Quacksalber oder Marktschreier vor uns. Gefehlt haben ja auch diese Charlatane wohl zu keiner Zeit — schon auf griechischen Vasenbildern sollen sie sich dargestellt finden —; ihre Hauptrolle aber haben sie in Deutschland im 17. und in der ersten Hälfte des 18. Jahrhunderts gespielt, aus welcher Zeit uns auch besonders zahlreiche Abbildungen solcher Fahrenden überkommen sind.

„Also haben", sagt Dryander in der Vorrede zu seinem Arzneibuch 1542, „solche Landstreicher und Leutebescheißer zu allen Gebrechen eine Arznei, einen Trank, eine Salbe, ein Pflaster, oder etwas so Ungereimtes, daß mancher das Leben darob verzettet". Zum richtigen Marktschreier aus der Blütezeit der Quacksalberei gehörten aber nicht nur Tränklein, Salben, Pflaster, Pillen u. s. w., nicht nur Theriak und Mithridat, die Allheilmittel der landfahrenden Ärzte damaliger Zeit, es gehörte dazu vor allem eine gewaltige Reklame, die wir nirgends früher als bei den Quacksalbern der Märkte und Messen in solcher Weise entwickelt finden, und es gehörte auch dazu — daher der Name Marktschreier — ein durchdringendes, ausdauerndes, unverwüstliches Organ. Auf den Abbildungen sehen wir sie meist auf einem Podium oder einer Bühne über die gaffende Menge erhöht dieser ihre Wundermittel anpreisen. Schon in den Fastnachtsspielen des ausgehenden 15. Jahrhunderts tritt gelegentlich ein solcher Wunderdoktor auf, der etwa seine Rede mit den Worten anhebt:

„Hört ihr Herren all gleich!
Es kommt ein Meister künstenreich.
Er nennt sich Meister Vivian,
Der sieben Künst er wohl echt [icht — etwas] kann.
Er kann mit meisterlichen Sachen
Die Blinden reden machen" u. s. w.

Abb. 96. Titelblatt einer Schrift über den Betrüger Hans Vatter von Mellingen. Nürnberg 1562.

Abb. 97. Sturz des fahrenden Arztes und Bruchschneiders Karl Bernardin von einem Seil in Regensburg 1673. Gleichzeitiges Kpfr. Nürnberg, Germanisches Museum.

Dieser Meister Vivian mit seinen Wunderwerken hat viele Nachfolger gefunden, im Doktor von Calabrian, dem Doktor Wurmbrand, dem Doktor Paffnuzius oder Schnauzius Rapuntius von Neapolis und anderen bis zum berühmten Doktor Eisenbart des 18. Jahrhunderts, der indessen besser als sein Nachruhm gewesen zu sein scheint.

Aber mit dem Reden und Schreien, mit Renommieren und Aufschneiden allein war es nicht gethan; es mußten stärkere Anreizungen für das liebe Publikum ausfindig gemacht werden. Und so kam es denn im Laufe des 17. Jahrhunderts dahin, daß diese fahrenden Ärzte sich geradezu zu Gauklern ausbildeten, auf dem Seile tanzten oder sich wohl gar, wie jener fahrende Arzt und Bruchschneider Karl Bernardin 1673 zu Regensburg, in brennendes Werg eingewickelt an einem schräg gespannten Seil herabfahren ließen, wobei jener, wie unsere Abbildung dieser Scene zeigt, so schmählich zu Schaden kam. Andere wiederum wählten sich andere Spezialitäten, trieben allerlei Taschenspielerkünste, ließen fremde Tiere sehen oder engagierten sich einen Hanswurst, der das Publikum durch Possen aller Art anzulocken oder auch mit dem Arzt selbst und dessen Frau und Magd kleine Scenen oder selbst ganze Stücke höchst possenhaften Inhalts vor dem zusammenströmenden Publikum zu agieren hatte.

Von dem Pomp, mit dem diese fahrenden Ärzte gelegentlich auftraten, und von ihrem Treiben giebt unter anderem eine Memminger Chronik beredtes Zeugnis, in der es zum Jahre 1724 heißt: „Am 2. Juli kam ein berühmter Arzt an, namens Joh. Chr. Hüber, mit fünf Kutschen, darunter zwei sehr prächtig, hatte bei sich 50 Personen, darunter Frauen und Kinder, eine Zwergin, zwei Heiducken, zwei Trompeter und verschiedene gute Musikanten, so sich auf den Waldhörnern sehr wohl hören ließen, auch 18 Pferde und 2 Kameele. Er hatte sein Theatrum auf dem Ratzengraben, verkaufte seine Ware, spielte vor und nach Komödien, wie auch zweimal auf dem Salzstadel, hatte höfliche Leute und proper in Kleidern". Auch 1733 kam er wieder nach Memmingen, wie es in der Chronik heißt, „mit vielen Leuten; darunter waren 30 Musikanten, 1 Mohr,

Abb. 98. Porträt eines Quacksalbers (Georg Faber) in kostbarer Tracht. Im Hintergrund der Marktplatz zu Augsburg mit einer Szene, in der er zu Pferde seine Kugeln anpreist. Kpfr. von Jonas Umbach 1648. München, Sammlung Maillinger.

IV, 2. Der innere Kreis der Fahrenden

Abb. 99. Quacksalber im 18. Jahrhundert. Gleichzeit. Kpfr. von Anton Maulpersch. Nürnberg, Germ. Museum.
Le Bl. 9.

1 Heiduck, 1 Zwergin, 1 Seiltänzer, 6 Laquaien und verschiedenes Frauenzimmer und Personen. Er hatte 14 Tage Erlaubnis und spielte alle Tag Komödie und zwar recht methodice". — Noch 1742 produzierte sich auf dem Hamburger Herbstmarkt ein mit kaiserlichen Privilegien versehener Arzt Namens Fuchs unter Mitwirkung eines Hanswursts und dreier Heiducken mit allerlei Sprüchen und Possen, wobei es sogar zu einem Tumult der von ihm und seinen Leuten verspotteten Schneidergesellen kam.

Die beiden zuletzt angeführten Beispiele zeigen auf das deutlichste, wie diesen Marktschreiern namentlich der späteren Zeit, ja sogar „berühmten Ärzten", wie dem J. E. Hüber in Memmingen, ihre „Heilkunst" häufig zur Nebensache wurde und Komödienspiel und andere Possen ganz in den Vordergrund traten. Von fahrenden Komödianten kann während des ganzen Mittelalters, wenn wir von den noch unter römischem Einfluß stehenden Anfängen absehen, kaum die Rede sein. Wohl mögen hin und wieder fahrende Spielleute in der Ritterburg oder am Hofe des Fürsten zur Unterhaltung der Gesellschaft dramatische Scenen vorgeführt haben, aber eine sorgfältigere Pflege haben sie der dramatischen Kunst höchstens in seltenen Ausnahmefällen angedeihen lassen. Während des Mittelalters also hatten Drama und Theater mit den fahrenden Leuten wenig oder nichts zu thun; die schaffenden Dichter wie die ausübenden Künstler waren vielmehr vorzugsweise Geistliche oder die Bürger der Städte. Auch das 16. Jahrhundert änderte hieran zunächst noch wenig, nur daß die von den Geistlichen inaugurierten Spiele mehr und mehr von den Aufführungen der Handwerker verdrängt wurden. Erst gegen den Schluß des Jahrhunderts begegnen uns in den Quellen gelegentlich agierende Künstler, die wir wohl, da sie nicht mehr an einem bestimmten Orte ansässig sind, sondern von Stadt zu Stadt ziehen, als Komödianten von Beruf ansprechen dürfen, und mit dem ersten Auftreten englischer Komödianten in Deutschland zu Anfang der neunziger Jahre — England war in der Entwicklung des Theaterwesens unserem Vaterland weit vorausgeeilt, es lebte damals auch bereits in den Werken Shakespeares die höchste Blüte seiner dramatischen Poesie — war ein eigentlicher Schauspielerstand alsbald geschaffen. Seitdem vermehrt das unstete Geschlecht der reisenden Komödianten sehr ansehnlich die Scharen des fahrenden Volkes, in den Orten, durch die sie kommen und in denen ihnen von der Obrigkeit die Erlaubnis zum Agieren erteilt wird, entweder in einem ihnen zu diesem Zweck angewiesenen Lokal oder auch auf einer auf irgend einem freien Platze aufgeschlagenen „Brücke", d. h. Bühne, ihre Kunst produzierend. Aus dem 16. Jahrhundert, gegen dessen Ende, wie gesagt, diese Entwicklung erst einsetzte, sind uns kaum irgendwelche Abbildungen solcher Vorführungen und des dabei zur Verwendung kommenden, wie man sich bei wandernden Schauspielern denken kann, zumeist äußerst dürftigen szenischen Apparats erhalten. Im 17. und 18. Jahrhundert jedoch werden sie häufiger, und eine Anzahl insbesondere von Bühnendarstellungen aus dieser Zeit ist im Folgenden wiedergegeben. Im übrigen mag eine eingehendere Darlegung und Beschreibung des Lebens und Treibens der fahrenden Schauspieler der dem Theater und seiner Entwicklung zugedachten besonderen Monographie vorbehalten bleiben. In dieser wird auch Näheres über das allmähliche Aufhören der Wandertruppen infolge des Aufkommens der stehenden Bühnen zu Ende des 18. und zu Anfang des 19. Jahrhunderts zu sagen sein. Ganz ausgeschieden aus dem Kreise der fahrenden Leute ist der Schauspieler freilich auch heute noch nicht. Noch heute führen ihn Beruf, Talent und Neigung oft in raschem Wechsel von Bühne zu Bühne, von einem Theater und Engagement zum andern, und in den künstlerisch auf niedrigerer Stufe stehenden Schauspielertruppen, die sich an ein anspruchsloseres Publikum, als es das der größeren Städte mit stehenden Bühnen ist, wenden, in den sogenannten „Schmieren" haben wir sogar noch die letzten nicht unansehnlichen Reste der fahrenden Komödiantenbanden früherer Jahrhunderte vor uns.

Beruf und Kunst des Schauspielers sind es aber auch allein im Kreise der fahrenden Künstler, die eine erhebliche innere Entwicklung und zwar trotz mancher Schwankungen, wie sie teilweise die Zeitverhältnisse mit sich brachten, eine

Abb. 100. Theaterszene auf dem Markt zu Augsburg. Kpfr. von Elias Schuhbausen ca. 1700. Nürnberg, Germ. Mus.

Abb. 101. Schauspieler auf einer Bühne (mit Coulissen) Titelblatt von Urbano Urbinos Kabinetskalender. Nürnberg 1688.

stetige Entwicklung nach oben, zu Höherem durchgemacht haben. Und damit ist denn auch eine entsprechende Hebung des Standes, der gesellschaftlichen Stellung des Schauspielers, die sich um das Jahr 1700 etwa noch nicht von der der übrigen Gaukler unterschied, verbunden gewesen, was ohne Zweifel zugleich mit der größeren Seßhaftigkeit, die sie im Laufe der Zeit erlangten, in Zusammenhang steht. Bei den verschiedenen Gruppen mehr oder minder kunstverwandter Fahrender fehlt dieses Moment in der Regel und kann auch von einer bestimmten Entwicklung in dem angedeuteten Sinne nur selten und bedingt die Rede sein, was jedoch keineswegs hindert, daß ihre Beliebtheit auch in unserer fortgeschrittenen Zeit wie vordem ungeschwächt besteht, ja von Jahrzehnt zu Jahrzehnt eher noch zugenommen hat als zurückgegangen ist. Körperliche Gewandtheit und Kraft, durch unermüdliche Übung und auch durch selbstauferlegte Entbehrungen mancher Art in ihren Leistungen bis an die Grenze des Menschenmöglichen gesteigert, wie sie das Wesen der meisten Produktionen dieser Fahrenden ausmachen, werden sich eben stets und überall die bewundernde Anerkennung des naturlich empfindenden Menschen erzwingen.

Schon die englischen Komödianten begnügten sich in der Regel nicht mit dem Agieren ihres Spiels, sondern suchten in den Zwischenakten ihr Publikum durch allerlei Akrobatenkünste oder musikalische Vorträge zu unterhalten und so in ihren Produktionen Abwechslung zu schaffen. Im allgemeinen waren jedoch solche Vorführungen das Feld der Bethätigung einer anderen Klasse von Gauklern, die in den Nürnberger Ratsverlässen des 15. und 16. Jahrhunderts meistens und auch sonst häufig als „Himmelreicher" oder „Himmelreichsmänner" bezeichnet werden. Ursprung und Erklärung dieses Wortes sind nicht ganz sicher. Vielleicht kommt es her von den großen, der mittelalterlichen Mysterienbühne entsprechend in drei Teile, Himmel, Erde und Hölle, geteilten Gestellen, welche die Puppenspieler für ihre Aufführungen mit sich herumführten, vielleicht auch hat sich die Bezeichnung zuerst an die Luftspringer, Seiltänzer u. s. w., kurz jene Gaukler, deren eigentliches Element die Luft, der Himmel ist, angeschlossen. Sehr bald wird das Wort dann in der ganz allgemeinen Bedeutung von Spielmann, Gaukler, gebraucht.

Neben den einheimischen d. h. deutschen machen sich seit dem Ende des 15. Jahrhunderts unter diesen Himmelreichern besonders häufig fremde, ausländische Elemente geltend, außer den schon erwähnten Engländern vor allem Italiener, die überhaupt in den folgenden beiden Jahrhunderten in der artistischen Produktion die Hauptrolle spielen, doch auch Niederländer, insbesondere Flandrer, Polen, die als Bärenführer vielfach erwähnt werden, seltener Franzosen.

Den Puppen- oder Dockenspielern sind wir bereits im frühen Mittelalter begegnet und fast aus allen Epochen lassen sich urkundliche Belege für ihr Vorkommen erbringen, wie denn dieser wilde Schoß dramatischer Kunst auch stets nur von Fahrenden gepflegt zu sein scheint, bis das 19.

Beilage 3. Theaterdirektor Joh. Ferdinand Beck als Hanswurst. Kpfr. aus dem 18. Jahrhundert. Nürnberg, Germanisches Museum.

Beilage 4. Theater auf offenem Marktplatz. Nach einem Ölgemälde von Franz van der Meulen. Galerie Liechtenstein in Wien.

Jahrhundert auch seiner Pflege in einigen Städten stehende Bühnen errichtet hat.

Als Beispiele aus den Nürnberger Ratsverläßen erwähne ich das Gesuch eines Heinrich von Burgund aus dem Jahre 1510, sein Dockenspiel von dem Leiden Christi vorführen zu dürfen, das jedoch abschlägig beschieden wird, und aus dem Jahre 1576 ein ähnliches Gesuch von zwei Gauklern, „Jörg Widmann von Augsburg und Alphonsus dem Welschen von Neapolis", denen dann erlaubt wird, „ihr Dockenspiel und Gaukelei allhie sehen zu lassen". Doch sollen sie „von einer Person nicht mehr als drei Pfennige" Eintrittsgeld erheben dürfen. In den drei Personen, welche diese beiden Ratsverläße namhaft machen, finden wir zugleich drei Nationalitäten vertreten, die niederländische, deutsche und italienische. Italiener sind es auch, die im 17. Jahrhundert dem eigentlichen Puppenspiel das Pulcinellospiel an die Seite setzen. Das Puppenspiel feiert dann noch einmal fast unbestrittene Triumphe in den Marionettenspielen der ersten Hälfte des 18. Jahrhunderts, die größtenteils von Wien ausgehen, wie denn Wien auch bekanntermaßen eine der hauptsächlichsten Pflegestätten nicht nur des Singspiels, der leichten italienischen Oper und Harlekinade, sondern auch der Pantomimen, Balletts, Schattenspiele und was an theatralischen Abarten sonst zu nennen wäre, in jener Zeit ist.

Viel wird uns von den Akrobaten, Seiltänzern, Springern, Jongleuren in früherer Zeit berichtet, und zahlreich sind auch die Abbildungen, die von ihnen und ihren halsbrecherischen Künsten aus dem 16. bis 18. Jahrhundert erhalten sind. Besonders häufig wird in den Nürnberger Ratsverläßen „welscher Springer" Erwähnung gethan, darunter 1569 eines Bernhardo de Bernhardi und seiner Gesellen von Venedig, 1592 eines „Steffano Maffipeter, gebornen Mohren aus Venedig". Vielfach sind sie zugleich Seiltänzer. Ein solcher ließ sich 1429 in Nürnberg sehen und ward vom Rat mit 2 Pfund 4 β Haller beschenkt. Die gleiche Summe erhielt damals des Bischofs von Mainz „Singerin". 1505 ist ein Seiltänzer

Abb. 102. Marionettentheater. Kpfr. aus dem 18. Jahrhundert. Nürnberg, Germanisches Museum.

aus Köln in Nürnberg, von dem die Chroniken Erstaunliches zu berichten wissen. Unter anderm tanzte er auf dem Seil in vollem Harnisch, schnallte sich hölzerne Kugeln unter die Füße und ging so auf dem Seil und tanzte darauf, desgleichen mit scharfen Scheermessern, die er sich unter die Füße gebunden hatte. Daneben führte er alle möglichen halsbrecherischen Sprünge und Verrenkungen auf dem Seile aus. Ein solcher Künstler verdient in der That der Blondin des 16. Jahrhunderts genannt zu werden. Ebenso wurde 1516 einem „frembden Spielmann, der auf dem Seil gehen und fliegen kann", vergönnt, solches Spiel in Nürnberg zu treiben, und auch zum 25. September 1585 wird uns ausdrücklich von einem aus St. Gallen gebürtigen Seiltänzer berichtet, der auf dem Seil „viel wunderliches Wesen" trieb. Die Künste einer Seiltänzerbande des 17. Jahrhunderts, die sich in dem 1628 auf der Pegnitzinsel Schütt erbauten Fechthaus in Nürnberg produzierte, giebt die untenstehende Abbildung wieder. Aus dem 18. Jahrhundert, in dem die Ratsverlässe besonders reich an Notizen speziell über Seiltänzer sind, erwähne ich den Seiltänzer Nicolai Rolandi mit seiner Kompagnie, dessen Spielgesuch indessen, obgleich er ein Empfehlungsschreiben vom Bischof von Eichstädt mitbrachte, wegen „der trübseligen und gefährlichen Zeiten", jedoch unter Beifügung eines Viatikums von einigen Gulden, abschlägig beschieden wurde (1713). Im Oktober 1714 giebt der Seiltänzer und Luftspringer Adolf de Graef mit seiner Gesellschaft im Fechthaus Vorstellungen. Es ist nicht unmöglich, daß sich auf ihn und seine Truppe der in unserer Beilage 5 wiedergegebene Zettel bezieht, in dem freilich von einem englischen „Springer- und Positur-Meister" die Rede ist, während der Name de Graefe her auf die Niederlande als Heimat des Künstlers zu deuten scheint. Ein Niederländer ist auch ohne Zweifel der Seiltänzer Cornel. Berocht, dem 1719 vergönnt wird, seine und seiner Bande Künste „denen Liebhabern" eine Woche lang im Fechthaus zu zeigen. Auch der italienischen Seiltänzer und Kunstfeuerwerker Pietro Semenzati und Giovanni Orsi, deren Gesuch, „die gelernten Exercitia allhier (d. h. in Nürnberg) zeigen zu dürfen", 1752 Ablehnung erfährt, und des Seiltänzers Corneille Dubrocq

Abb. 103. Seiltänzer im Fechthaus zu Nürnberg 1628. Kpfr. von P. Troschel nach Zeichnung von J. A. Graff. Nürnberg, Germanisches Museum.

IV, 2. Taschenspieler, Kraftmenschen, Wasserkünstler u. a. m. 115

Abb. 104. Seiltänzerbude ca. 1800. Kpfr. aus: Weiße, Kinderfreund.

Akrobat und „mathematischer Kunst-Meister", d. h. Jongleur, namens Francesco Pergami an. „Er präsentiert sich nämlich in türkischer Kleidung und balanciert eine Maschine mit vielen Gläsern auf der Nase einige Minuten, verdreht den ganzen Leib, kniet auf dem Boden, stehet wieder auf, legt sich gestreckt zur Erde und kommet wieder empor, ohne im mindesten die Balance zu verlieren, so gewiß sehenswürdig". Der Schauplatz war auch hier Nürnberg und zwar der Gasthof zu den drei Königen.

Eine kleinere Gruppe bilden die Taschenspieler, wie sich ein solcher wohl auch auf einem Holzschnitt Hans Burgkmairs (Abb. 26) dargestellt findet, Kraftmenschen — das Blatt des berühmten Johann Carl von Eckenberg (Abb. 107) spricht für sich selbst — Wasserkünstler (vgl. Abb. 108. 109) und andere Gaukler, die meist nur eine ganz bestimmte Spezialität vertreten. Zu diesen ist vermutlich auch jener fürstlich badische Hoffourier Thomas Bernhard de Liliis zu rechnen, dem am 11. Januar 1699 vom Nürnberger Rat aus Paris mag hier noch gedacht werden. Man sieht, daß auch in dieser Spezialität die oben namhaft gemachten fremden Nationalitäten offenbar zahlreich vertreten waren.

Über die Leistungen der Akrobaten und Jongleure jener Zeiten unterrichten uns vor allem die erhaltenen Abbildungen und Theaterzettel, denen man indessen wohl nicht immer alles aufs Wort wird glauben dürfen. Für jene, d. h. Akrobaten, Schlangenmenschen u. s. w., sei insbesondere auf den Holzschnitt Hans Burgkmairs, den unsere Abb. 25 wiedergiebt aus der ersten Hälfte des 16. Jahrhunderts, ferner auf das Blatt mit der Darstellung der verschiedenen Produktionen des Springers Franz Urban aus Straubing in Bayern (Abb. 106) hingewiesen. Auf einem andern Blatt aus dem Jahre 1761 kündigt sich ein

Abb. 105. Bildnis des Riesen Johann Sander 1683. Kpfr. Nürnberg, Germanisches Museum.

8*

Abb. 106. Der Springer Franz Urban aus Straubing in seinen Kunststücken. 18. Jahrhundert. Kpfr. von J. N. Maag. München, Sammlung Maillinger.

Abb. 107. Der Athlet Johann Carl von Eckenberg in seinen Kunststücken. Kpfr. 1718. Nürnberg, Germ. Museum.

erlaubt wurde, „seine sogenannte Kunst- oder Discurs-Schul wöchentlich zwei mal von 2—3 Uhr hören zu lassen", doch nicht, wie er gewünscht hatte, in der Herrentrinkstube, sondern in einem offenen Gasthof, und der dann am Schluß der Zeit den Rat um ein Attestat über sein Wohlverhalten und eine „Recommandation an andere Orte" ersuchte. Letzteres Begehren wurde ihm indessen „benommen" (Ratsverlaß vom 13. März 1699) und er „damit an die Liebhaber seiner Profession verwiesen". Leider wird nicht ersichtlich, worin das Wesen dieser seiner Kunst oder Profession eigentlich bestanden habe.

Bei vielen der bisher beispielshalber ausführlicher erwähnten fahrenden Künstler ist uns — insbesondere seit dem 17. Jahrhundert — ausdrücklich bezeugt, daß sie ihre Künste in einem bestimmten Gebäude der Stadt, in Nürnberg meist im Fechthaus oder in einem Gasthof, sehen lassen durften. Das gleiche war ohne Zweifel mit den meisten der fremden, d. h. von auswärts kommenden Musikanten, denen die besondere Erlaubnis erteilt wurde, sich hören zu lassen, den zahlreichen „welschen Geigern", „venedischen Trummetern" und anderen Virtuosen, die durch die Lande zogen, der Fall. So heißt es denn auch

Abb. 108. Ankündigung des Wasserkünstlers Manfredi aus Malta. 17. Jahrhundert. Nürnberg, Germanisches Museum.

Auszeichnung des Könnens der betreffenden fahrenden Künstler, und eben diese tüchtigeren und talentvolleren unter ihnen dürfen als die Vorfahren derjenigen Virtuosen und Artisten betrachtet werden, die sich heute in unseren Konzerthallen — ich sage nicht Konzertsälen: die Künstler des Konzertsaals haben im wesentlichen die Entwicklung der Bühnenkünstler geteilt —, in unseren Spielhallen, Variété-Theatern, Spezialitätenbühnen, Brettln und Überbrettln oder wie sich die Schauplätze ihrer Bethätigung sonst nennen, produzieren. Ihre Leistungen haben sich, wie ein Vergleich dessen, was in dieser Hinsicht über das Mittelalter und die folgenden Jahrhunderte gesagt ist, mit den Verhältnissen der Gegenwart ergeben dürfte, nicht wesentlich geändert, und ihr Beruf und mehr noch das stets nur nach Neuem begierige Publikum ist die Ursache, daß von einer Seßhaftigkeit in ihren Kreisen noch nicht die Rede sein kann. Allerdings sorgen heutzutage Artistenverbände und Fachzeitschriften, wie die Budapester „Internationale Artisten-Revue" (1902 im XII. Jahrgang), die Leipziger „Artisten-Tribüne" (1902 im VIII. Jahrgang), die Berliner „Internationale Artisten-Zeitung" (1902 im VII. Jahrgang), für festeren Zusammenhalt, die Bedürfnisse des Berufes und die Interessen des Standes, allerdings fährt der vielbegehrte artistische Spezialist heute nicht mehr im „Kammerwagen", wie man früher sagte, oder „Wohnwagen", wie man heute sagt, sondern mit Eisenbahn und Dampfschiff; aber er fährt doch, reist beständig von einer großen Stadt zur andern, und seine Heimat ist, solange er noch seinem Berufe obliegt, nirgends.

zum 29. Dezember 1721 in den Nürnberger Ratsverlässen, daß den Herren Kriegsverordneten — diesen lag in Nürnberg die Aufsicht über alle Fremden ob — anheimgestellt sein solle, ob sie den fremden Musikus Hans Georg Robert, der gebeten, sein musikalisches Instrument hören und seine übrigen Künste sehen lassen zu dürfen, eine Probe halten lassen und ihm für einige Tage die Erlaubnis zu seinen Produktionen erteilen wollen, in welchem Falle ihm der Ort dazu anzuweisen sei.

Immerhin lag in einer solchen Anweisung oder Überlassung eines bestimmten Gebäudes oder Raumes in jenen Zeiten schon eine erhebliche

IV, 2. Musikanten. Mißgeburten   119

Neben diesen tüchtigeren und gewandteren Elementen der Artistenwelt, denen sich namentlich noch die bedeutenderen unter den Dresseuren zugesellen, finden wir frühzeitig eine andere Gruppe fahrender Leute, die es vor allem auf die Unterhaltung der unteren Volksklassen abgesehen hat, den Jahrmärkten und Messen nachzieht, in den Dörfern und kleineren Städten ihre lustigen Kunststempel und Schaubuden errichtet. Neben den vornehmeren „welschen Geigern" und „venedischen Trummetern" stehen die Leiermädchen und Bierfiedler, und so haben die meisten der oben näher charakterisierten Artisten in diesem Kreise ihr geringeres Gegenbild. Insbesondere gehören dann weiter hierher die Riesen und Zwerge, über die uns Quellen und Denkmäler häufig berichten (vgl. Abb. 105), ferner die verschiedenen mißgeborenen Geschöpfe, die sich entweder selbst sehen lassen oder von ihren Angehörigen gegen Entgelt zur Schau gestellt werden: Personen ohne Hände, die mit den Füßen allerlei kunstvolle Arbeiten verrichten (Abb. 117), Haarmenschen (Abb. 116), Leute mit mehr als zwei Armen und Beinen, zusammengewachsene Menschen u. f. w., u. f. w. Man war indessen mit der Erteilung der Erlaubnis zur Vorführung besonders krüppelhafter Wesen in früheren Jahrhunderten nicht leicht bei der Hand. So wird z. B. dem Peter Bierst aus Savoyen 1589 trotz mehrfachen dringenden Ansuchens seinerseits, seine hergebrachten „Mißgeburten und Meerwunder" öffentlich in Nürnberg sehen lassen zu dürfen, dieses Begehren vom Nürnberger Rat beharrlich abgeschlagen und derselbe auch 1591 wieder — hier wird er als fremder Kriegsmann und „zu Prag wohnhaft" bezeichnet — mit seiner Bitte, „einen fremden Vogel aus India, eine Person mit zwölf Fingern und Zehen und ein Schaf mit 6 Füßen" — das waren also seine Mißgeburten und Meerwunder — „allhie sehen zu lassen", abgewiesen. Ebenso wird 1708 dem Matthias Buchinger, einem „Monstrum ohne Hände und Füße", „der schwangeren Frauen halben" nicht erlaubt, seine „Künste, die sich in kein Zimmer schicken", in einer Bude auf dem

Abb. 109. Vorstellung des Wasserkünstlers Manfredi aus Malta. 17. Jahrhundert. Nürnberg, Germ. Museum.

IV, 2. Vorführungen abgerichteter und wilder Tiere

Abb. 110. Abbildung eines Menschenfressers. Kpfr. von E. Bäck ca. 1720. Nürnberg, Germanisches Museum.

Markt vorzuführen. Nur in einem Wirtshaus könne ihm solches zur Not gestattet werden. Daß bei derartigen Mißgeburten und namentlich bei den mit Abbildung und Beschreibung versehenen Ankündigungen von solchen auch mancher Schwindel mit unterlief, versteht sich fast von selbst, und Blätter wie das von ca. 1720 mit der Darstellung eines höchst abenteuerlich gebildeten „Menschenfressers" (Abb. 110) sind dafür ein beredtes Zeugnis.

Ganz besonders häufig sind auch die Vorführungen fremder Tiere. Der erste in Deutschland nachweisbare Elefant ist derjenige, welcher 1443 in Frankfurt am Main auf der Messe zu sehen war. 1450 wurde auf der Frankfurter Messe ein Strauß gezeigt. Die Nürnberger Ratsverlässe erwähnen vor allem vielfach der polnischen und ungarischen Bärenführer, sowie mehrfach auch fahrender Gaukler, die darum nachsuchen, „mit Affen ein Himmelreich haben" d. h. irgend ein Spiel, eine Gaukelei mit Affen vorführen zu dürfen. Schon 1475 ist ferner von einem „Abenteurer mit einem geblendeten Vogel und anderem Abenteuer", 1487 von einem Fremden, der ein Dromedar — „Romdarius" wird es in einer späteren Abbildung genannt — sehen läßt, 1488 von einem fremden Spielmann mit Murmeltieren, also, wie das 17. und 18. Jahrhundert sich auszudrücken pflegten, einem „Murmeltierregenten", 1491 von einem Abenteurer, der einen Strauß sehen läßt, aber von der Person nicht über 1 Pf. Eintrittsgeld erheben darf, 1496 von einem „Drachen" und gleichzeitig von zwei zusammengewachsenen Säuen, die in Nürnberg zu sehen sind, die Rede. 1501 wurden die fünf Auerochsen, die Kaiser Maximilian zum Geschenk bekommen hatte, 1505

KUnd und zu wissen sey Jedermänniglich: Daß in diese Statt ist ankommen eine frembde Persohn/ mit einem wunderlichen Thier/ ist genannt Romdarius/kombt aus dem Land von Africa und Asia/dieses Thier ist von dem Türckischen Kaiser geschenckt worden einem Fürsten in Tätter-Land/dieses Thier ist 8. Schuh hoch/ und 15 lang. Es kan mächtig geschwind lauffen in seinen Landen/ das seyn die Thier/ die in der Sand-See ein 50. Meilen lauffen auff ein Tag/auch werden sie gebraucht auff die Post/ sie werden auch gebraucht in Kriegs Expeditionis/die grobe Stück und Munition darauff zu führen/man schreibt aus Asia/ daß sie 3000 Pfund tragen können/ es kan dieses Thier in 48. Stunden ohne Fressen marchieren/ und wann es frisst/ so frisst es nicht viel auff einmahl/ es kan auch zu Sommerszeiten 3. Monath ohne Sauffen leben/wann es saufft/ so saufft es viel auff einmahl. Wer nun Lust und Belieben träget solches Thier zu sehen/ der wolle sich verfügen

Abb. 111. Ankündigung der Schaustellung eines Dromedars. Anfang des 17. Jahrhunderts. Nürnberg, Germanisches Museum.

Und vnd zuwissen sey jedermänniglich/ daß von heut Dienstags an/wie auch folgende zwen tagy Mitwochs vnd Donnerstag/ der Orientalische Elefant in dem neuen Comödienhauß auff der Schüt/wirdt zusehen seyn/da Er dann mehr als zuvor geschehn/ sich mit wunderlichen Künsten wirdt sehen lassen/ soll ein Alte Person geben 4 kreutzer/ ein kleine person 2 kreutzer: mag so lang zusehen als jhn beliebt/ dann man wirdt den gantzen Tag/morgens von 7 biß zu 11/ vnd nach Mittag von 1. biß 6 vhrn/ solchen sehen lassen.

Abb. 112. Ankündigung der Schaustellung eines Elefanten, der 1629 zu Nürnberg gezeigt wurde. Nürnberg, German. Museum.

IV, 2. Vorführungen wilder Tiere, vorzugsweise nach den Nürnberger Quellen   123

Abb. 113. Plakat einer Menagerie (?). Holzschnitt aus dem 17. Jahrhundert. Nürnberg, Germanisches Museum.

drei indische Hennen, 1515 ein Rhinoceros, das Albrecht Dürers Grabstichel verewigt hat (Abb. 31), in Nürnberg gezeigt. 1566 brachte Oswald Porto, ein „Walcher", ein Krokodil dorthin, durfte es aber nicht öffentlich sehen lassen; 1580 hatte Peter Rösing von Paris seine „hierhergebrachten, lebendigen Papageien, Meerkatzen und künstlich Blumenwerk" daselbst feil. 1584 kam ein Fremder mit einem Löwen, und es wurde ihm vergönnt, denselben gegen ein Eintrittsgeld von zwei Pfennigen für die Person sehen zu lassen; 1586 brachten Italiener drei lebendige Elentiere nach Nürnberg und ließen sie daselbst „um ein Ziemliches" sehen; 1598 jedoch ward „Cauilier Loysa Zenobi" mit seinem Gesuch, „eine Hydram mit sieben Köpfen", offenbar wieder ein Schwindel, sehen lassen zu dürfen, abgewiesen. Ebenso erging es 1599 dem Mathes Wunsch, der wieder ein Dromedar in Nürnberg zu zeigen beabsichtigte und schließlich mit Hinterlassung beträchtlicher Schulden und seines Dromedars flüchtig wurde, sowie (1602) einem Johann von der Bruck, „welcher ein seltzam Thier, Pabian genandt, hieher gebracht, das vil seltzam Gaukelspiel machen kan", und (1608) einem Fremden mit einem „indianischen Meerschwein". Dagegen durfte Johann Bisan von Paris 1606 seine „Spiele mit einem Fabian (= Pavian), Mohren, Affen und abgerichteten Hunden auf wiederholtes Bitten schließlich vorführen. 1606 war ein in der See bei Hamburg gefangener Schwertfisch, 1607 ein „lebendiger Adler", 1611 ein Löwe und ein Tigertier, sowie „etliche seltsame Meertiere", 1623 wieder ein Elefant, 1627 ein Stachelschwein, das ein fremder Mann aus Frankreich vorführte, 1748 abermals ein „Wundertier, Rhinoceros ge-

Abb. 114. Ankündigung der Taschenspieler Johann Anton Barth und Gottlieb Riediger nebst Darstellung ihrer Produktionen. Kpfr. 1757. Nürnberg, Germanisches Museum.

nannt", 1761 ein Affen- und Hundetheater und außerdem, wie die betreffende Ankündigung sagt, „ein erschrecklicher Fisch, nennt sich Carminus Carcarius oder Meerkamel" zu sehen: „Die Herren und Damesen zahlen nach Dero Belieben, die mittleren Standes-Personen aber zahlen 2 Batzen, übrige Personen aber, als Knaben, Kinder u. s. w. zahlen nur 1 Batzen". —

Von einer richtigen Menagerie hören wir auch im 18. Jahrhundert noch nicht, und es scheint mir daher sehr fraglich, ob das auf voriger Seite wiedergegebene interessante Blatt als das Plakat einer solchen und nicht vielmehr als die Ankündigung etwa eines fahrenden Arztes von der Art jenes Joh. Chr. Hüber, der uns früher in Memmingen begegnet ist, anzusprechen sei. Ebensowenig finden wir in den früheren Jahrhunderten bereits einen eigentlichen Zirkus. Nur Ansätze dazu sind vorhanden, wie wir denn beispielsweise zum Jahre 1588 von einem Kunstreiter hören, der sich zu Prag vor Kaiser Rudolf II. produzierte, im vollen Rennen auf dem Sattel stand, absaß, wies der aufsprang, sogar, als „das Roß streng gelaufen", sich auf dem Sattel auf den Kopf stellte und andere Kunststücke mehr machte, die der kaiserlicher Majestät wohl gefielen, „darauf er auch eine stattliche Verehrung davon gebracht". Die höhere Zirkuskunst ist dennoch erst eine Errungenschaft des 19. Jahrhunderts und ihre Ausbildung vornehmlich auf den alten Renz zurückzuführen.

Schließlich wäre noch der verschiedenen mechanischen und sonstigen Kunstwerke kurz Erwähnung zu thun, die fahrende Leute auf den Jahrmärkten früher so gut wie heute sehen ließen. Von Gegenständen solcher Art, über die uns die Nürnberger

IV, 2. Allerlei Kunst- und Spielwerke

Quellen berichten, nenne ich beispielsweise ein „künstlich Castell", das Italiener 1572 im Heilsbronner Hof in Nürnberg zur Schau stellen durften, ferner ein mechanisches Bergwerk, das vorzuführen zu dürfen ein Peter Döpfer von Schneeberg sich 1581 beim Nürnberger Rat vergeblich bemühte. 1587 ward dem Daniel Bartel von Lübeck vergönnt, „seine Kunststücke und Spielwerke, als erstlich eine Schiffahrt von Galeeren, wie Christen und Türken mit einander streiten auf dem Meer, auch von lustigen welschen und deutschen Tänzen und schönen Luftsprüngen drei Tage allhier um einen ziemlichen Pfennig sehen zu lassen"; abgewiesen dagegen wurde 1594 Margaretha Waltherin von Mühlhausen, die „ein künstlich Werk von Bildern, so sie das irdische Paradies nennet", öffentlich um Geld sehen lassen wollte, während im gleichen Jahre dem Jörgen Ipp von Augsburg „sein anhero gebracht Bild, so sich selbst bewegen soll", zwei Tage lang zu zeigen verstattet wurde. 1597 wiederum ward Franz Rösel aus Tirol mit seinem „geschnitzten Gaukelwerk" abschlägig beschieden, dagegen 1599 Balthasar Beck von Koblenz mit seinem „künstlich geschnitzten Werk", 1603 ein Fremder, „der ein von Holz geschnitten Uhrwerk hieher gebracht", je ein paar Tage lang zugelassen, indessen 1604 Pankraz Schilling von Erfurt mit seinem Schnitzwerk, „mit dem er eine Comedi vom verlorenen Sohn agieren" wollte, abgewiesen.

1740 zeigte Christoph Weiß ein „Orlogschiff", also wohl die verkleinerte Nachbildung eines

Abb. 115. Der Kunstreiter Christian Müller Kamin Kpfr. 1647. Nürnberg, Germanisches Museum.

Kriegsschiffs, in Nürnberg und 1761 der Mechanikus Caspar Müller aus „Christian=Erlang" (d. i. Erlangen) seine „erfundene corporalische Weltmaschine" „gegen eine billige Douceur". Sie ist vermutlich identisch mit dem „mechanischen Figurenwerk", von dem uns aus demselben Jahr datierte Ankündigungs= und Reklamezettel berichten, und dessen Vorführungsort das Dreikönigswirtshaus war, „allwo der Lobspruch aushanget", oder auch mit dem mechanischen Theater, das ebenfalls im Jahre 1761 im Reichsadlerwirtshaus zu Nürnberg Vorstellungen gab. Auch war in diesem Jahre wieder ein „holländisches Kriegsschiff", ein Panorama, eine „physikalische optische Kunstmaschine", die „Herr Tesier, ein alter französischer Machinist" im Dreikönigswirtshaus vorführte, und ein „in Wachs bossiertes Riesenkind" in Nürnberg zu sehen. Die Ankündigung des letzteren schließt mit den schönen Versen:

Wie wunderlich spielt doch zu Zeiten die Natur!
Zur Probe schaut nur an den kleinen Fleisch=Colossen,
Er ist recht wunderschön, und gleichsam eingestoßen,
Von einem solchen Kind findt man nicht leicht ein' Spur.

1762 gab es wieder, und zwar im Gasthaus zum weißen Rößlein am Heumarkt, ein „Kriegsschiff" sowie „zwei in's Leben gemachte (d. h. lebensvoll wiedergegebene) Hottentotten, Mann und Weib, wie sie bekleidet und bewaffnet sind" 1765 abermals ein „Orlogschiff" zu bewundern. In demselben Jahre machten holländische Künstler „ihre in physikalischen, mechanischen, hidrologischen und metamorphosierenden Wissenschaften bestehenden Künste, die schon das Auge vieler Monarchen belustigt haben", im Dreikönigswirtshaus vorstellig, dagegen ward — ich übergehe manches Andere — 1796 der Mechanikus Johann Georg Geiselbrecht von Hessen=Hanau, der „seine chinesischen Kunstschatten" in Nürnberg produzieren wollte, mit diesem seinen Gesuch wegen der schweren Kriegszeiten abgewiesen. Wie man sieht, waren Kunstwerke dieser Gattung, in Nürnberg wenigstens, zumeist in Gasthöfen untergebracht und zu sehen, während sich die übrigen Fahrenden dieser Gruppe mit ihren Tieren, Mißgeburten u. s. w. in der Regel in einer „Boutique auf'm Markt", d. h. in einer Jahrmarktsbude, zu der sie die Requisiten in ihren Kammerwägen selbst mitbrachten, produziert zu haben scheinen.

Auch kleinere oder größere Wachsfigurenkabinette werden im 17. und 18. Jahrhundert bereits mehrfach erwähnt. So brachte Wilhelm Plettey von Herford in Westfalen 1603 „drei von Wachs possierte große Bilder" nach Nürnberg, die er einige Tage lang sehen lassen durfte. Dagegen erfuhr Ambrosius Müller von Erfurt, der 1605 „Johann Huß, Doctor Luther und Philippum Melanchthon von Wax possiert hieher gebracht und die Bürgerschaft umbs Gelt sehen lassen" wollte, wiederholte Abweisung mit der Begründung: „weil zuvor genug Götzen allhie sein". Schon 1602 war dem Christoph Gagler von Klagenfurt die Vorführung seines „von Wachs gemachten Götzenwerks und Passionsdarstellung" abgelehnt worden, und auch in der Folgezeit (1607, 1611, 1614, 1615) wurden derartige Gesuche meist abschlägig beschieden. Im 18. Jahrhundert

Abb. 116. Bildnis des Aftenmenschen Barbara Urslerin. Kpfr. von J. Brunn 1653. München, Kupferstichkabinet.

IV, 2. Die Schausteller in der Gegenwart. — Schluß

hören wir in Nürnberg z. B. zum Jahre 1755 von einem Wachsfigurenkabinett, in dem u. a. der berüchtigte Gauner Käsebier in Wachs abgebildet zu sehen war. Dagegen schweigen unsere Quellen zunächst fast gänzlich von Schaukeln, Karussells und dergleichen, wie solche heute in den mannigfachsten Formen einen der wichtigsten und beliebtesten Bestandteile unserer Jahrmärkte bilden. Die eigentlichen Karussells insbesondere sind wohl erst im 19. Jahrhundert überhaupt aufgekommen. Namentlich der Mangel an Abbildungen aus früherer Zeit läßt darauf mit ziemlicher Sicherheit schließen.

Im übrigen gleicht das Leben auch dieser Fahrenden, die man gemeiniglich mit dem Gesamtnamen „Schausteller" zu bezeichnen pflegt, obgleich auch sie jetzt ihre Vereine, Verbände und Fachzeitschriften — in Deutschland vor allem den in Pirmasens in der Pfalz erscheinenden „Komet, Organ zur Wahrung der Interessen der Besitzer von Sehenswürdigkeiten und Schaustellungen jeder Art" (1902: 19. Jahrgang) — besitzen, im wesentlichen auch heute noch dem Treiben, das wir schon vor Jahrhunderten auf den Jahrmärkten und Landstraßen sich haben entfalten sehen. Nur bei einigen derselben und zwar vorzugsweise bei denjenigen, deren Aufkommen erst dem 19. Jahrhundert angehört, wie den Karussells und Schießbudenbesitzern ꝛc., macht sich heute ein noch stetig zunehmender Zug zu größerer Seßhaftigkeit geltend, und manche derselben sind bereits mit ihrer Familie in Städten und Dörfern fest angesessen und unternehmen von dort aus zu den Jahrmärkten, Kirmessen, Messen der näheren oder weiteren Umgegend ihre „Kunstreisen".

Über die fahrenden Leute der Gegenwart wäre freilich trotz vieler und großer Ähnlichkeiten mit den Zuständen früherer Zeiten noch manches zu

Abb. 117. Darstellung eines mit den Füßen arbeitenden Mädchens. Kpfr. aus dem 18. Jahrh. Nürnberg, Germ. Museum.

sagen. Doch muß es bei den wenigen, in Obigem sporadisch eingestreuten Bemerkungen hierüber sein Bewenden haben. Denn die Behandlung desjenigen Zeitraums, den die große französische Revolution und die napoleonischen Kriege mit ihren gewaltigen Umwälzungen namentlich auch auf dem Gebiete des Rechtswesens, den noch mehr vielleicht die außerordentliche Hebung des Verkehrs durch das Aufkommen der Eisenbahnen seit den dreißiger Jahren des 19. Jahrhunderts von der voraufgehenden Epoche zum mindesten ebenso scheidet, wie die großen Ereignisse zu Ausgang des Mittelalters dieses von den nachfolgenden Jahrhunderten trennten, liegt außerhalb des Rahmens dieses Werkes.

Ende

Inhaltsverzeichnis

Einleitung. S. 6. **I. Frühzeit.** S. 7.
1. Nationale Elemente: Sangesfreudigkeit, Volkssänger. S. 8. — Ansehen der alten Volkssänger. Ihre Stoffe. S. 9. — Ihre sonstige Thätigkeit. Instrumente. S. 10. — 2. Fremde, namentlich römische Elemente und Einflüsse: Römische Fechter und Gaukler. S. 12. — Römische Bettelpriester. Fahrende Weiber. S. 13. — 3. Einwirkung des Christentums: Zurückdrängung der alten Heldenlieder. „Pauperismus". S. 15. — Weiterentwicklung des Bettler- und Gaunerwesens. S. 16. — 4. Die fahrenden Leute am Ausgang der karolingischen Zeit. S. 17.

II. Das hohe Mittelalter. S. 18.
1. Die Spielleute. a. Die rechtliche Stellung der Spielleute. S. 19. — Ehrlosigkeit der Spielleute und Folgerungen daraus. S. 20. — b. Die Kirche und die Spielleute. S. 21. — c. Stellung und Thätigkeit der Spielleute innerhalb der Gesellschaft. S. 22. — Mißachtung des Berufs der Spielleute. S. 23. — Beliebtheit, Unentbehrlichkeit der Spielleute. S. 24. — Die höfischen Spielleute. S. 25. — Die gemeinen Spielleute. S. 26. — Konkurrenz der ritterlichen Minnesinger. S. 28. — Repertoire der Spielleute. S. 30. — Blinde Gassensänger. S. 31. — Sonstige Obliegenheiten und Künste der Spielleute. S. 32. — Narren, Zwerge. S. 33. — Herolde und Kroisierer. S. 34. — Die Spielleute bei höfischen und Volksfesten. S. 36. — Musikanten, Gaukler, Puppenspieler. S. 37. — Kraftmenschen, Fechter, Tänzer u. s. w. S. 38. — Vorführung abgerichteter oder wilder Tiere. S. 39. — Einnahmen der Spielleute. S. 40. — „Milde" und karge Herren. S. 41. — Selbstgefühl, Eitelkeit, Stolz und Üppigkeit der Spielleute. S. 42, 43. — 2. Die Vaganten. S. 44. — Aufkommen der Scholastik. S. 45. — Entstehung des Vagantentums. S. 46. — Die Lieder der Vaganten. S. 47. — Der „Orden" der Vaganten. S. 48. — Lebensweise der Vaganten. S. 49. — Immer größere Verlotterung. S. 50. — Synodalbeschlüsse gegen die Vaganten. S. 51. — 3. Die übrigen Fahrenden. S. 52.

III. Wandlungen im späteren Mittelalter. S. 53.
1. Seßhaftwerden einzelner Gruppen von Fahrenden: a. Meistersinger-Genossenschaften. S. 55. — b. Stadtmusikanten. S. 56. Thätigkeit derselben. S. 57. — Insbesondere Mitwirkung bei feierlichen Anlässen. Instrumente. S. 58. — c. Spruchsprecher, Ehrenholde. S. 59. — Ihre Aufdringlichkeit und Unverschämtheit. S. 60. — d. Die Frauenhäuser in den Städten. S. 61. — Eifern der Geistlichkeit. S. 62. — Steigerung der Unsittlichkeit. S. 64. — e. Gewaltige Zunahme des Bettlerunwesens. S. 64. — Die milden Stiftungen in den Städten als eine der Hauptursachen. S. 65. — Krüppel, Geißler, Pilger. S. 66. — Bettelei als Beruf. S. 67. — Die „starken Bettler" (Betrüger). Liber Vagatorum. S. 68. — Die verschiedenen Arten betrügerischer Bettler. Fahrende Schüler. S. 69—74. — Gaunersprache. S. 75. — 2. Die Zigeuner: Zigeunerische und namentlich jüdische Elemente in Gaunersprache und Räubertum. S. 76. — Der Name Zigeuner. Erstes Auftreten der Zigeuner in Deutschland. S. 77. — Erste Erwähnungen. Fabel ihrer Herkunft. S. 78. — Frei- und Schutzbriefe. Ehrfürchtige Scheu vor den Zigeunern. S. 79. — Allmählicher Umschwung der Ansichten über die Zigeuner. S. 80. — Verfolgungen, Grausamkeiten gegen die Zigeuner. S. 81. — 3. Maßnahmen gegen das Bettlerunwesen. S. 82. — Bettelordnungen. S. 83. — Üppiges und leichtfertiges Leben mancher Bettler. S. 84. — Der Kohlenberg zu Basel und die „Kohlenberger Gerichtsordnung". S. 86. — 4. Humanere Behandlung der Spielleute, insbesondere der Musikanten. S. 87. — Bruderschaften der Spielleute. „Könige" derselben. S. 88. — Vögte (Schutzherren) der Spielleute. S. 89. — Das Rappoltsteiner Pfeiferkönigtum. S. 91. — 5. Die fahrenden Gaukler im ausgehenden Mittelalter. S. 92.

IV. Die neuere Zeit. S. 93.
1. Wandlungen, namentlich hinsichtlich des äußeren Kreises der fahrenden Leute. a. Größte Verbreitung der Fechtkunst und Ausartung derselben. S. 95. — b. Blütezeit des Volksliedes. Zeitungen und Zeitungssinger. S. 96. — c. Troß der Landsknechtsheere. Räuber und Räuberbanden. S. 99. — Steigerung des Räuberunwesens durch den Bauernkrieg im 16., den dreißigjährigen Krieg im 17. Jahrhundert. S. 101. — Strenge Verordnungen gegen das Räuber- und Gaunertum. S. 102. — Die Kriege des 18. und beginnenden 19. Jhdts. und ihre Folgen bezüglich des Räubertums. S. 103. — Der „bayerische Hiesel". Schinderhannes. S. 104. — d. Schwindler aller Art. S. 105. — e. Landfahrende Hausierer. S. 106. — f. Blütezeit der Quacksalberei. S. 107. — Vorführungen der fahrenden Ärzte. S. 108. — 2. Der innere Kreis der Fahrenden: Fahrende Komödianten. S. 111. — „Himmelreicher", Puppenspieler. S. 112. — Akrobaten, Seiltänzer, Springer, Jongleure u. s. f., größtenteils nach Nürnberger Quellen. S. 113—123. — Menagerien fraglich. Kunstreiter. S. 124. — Allerlei Kunst- und Spielwerke. S. 125. — Optische Vorstellungen. Schattenspieler. Wachsfigurenkabinette. S. 126. — Die Schausteller in der Gegenwart. — Schluß. S. 127.